o trem tá feio

como me curei da depressão

O trem tá feio

Copyright © 2024 by Gustavo Tubarão

2ª edição: Janeiro 2024

Direitos reservados desta edição: CDG Edições e Publicações

O conteúdo desta obra é de total responsabilidade do autor e não reflete necessariamente a opinião da editora.

Autor:
Gustavo Tubarão

Preparação de texto:
3GB Consulting

Revisão:
Gabrielle Carvalho
Rebeca Michelotti

Projeto gráfico:
Jéssica Wendy

Capa:
Dimitry Uziel

Ilustrações:
Freepik (adaptação Jéssica Wendy)
Mateus Pegoraro – @mattpegoraro
(p. 28, 79, 82, 112, 138)

DADOS INTERNACIONAIS DE CATALOGAÇÃO NA PUBLICAÇÃO (CIP)

Tubarão, Gustavo
 O trem tá feio : como me curei da depressão / Gustavo Tubarão. — Porto Alegre : Citadel, 2024.
 144 p. ; il.

ISBN: 978-65-5047-274-0

1. Autoajuda 2. Memória autobiográfica 3. Depressão mental 4. Síndrome do pânico 5. Humor I. Título

23-6436   CDD - 158.1

Angélica Ilacqua - Bibliotecária - CRB-8/7057

Produção editorial e distribuição:

contato@citadel.com.br
www.citadel.com.br

o trem tá feio

como me curei da depressão

gustavo tubarão

CITADEL
Grupo Editorial
2024

sumário

Antes de começar		**7**
Vamo começar		**11**
1.	"Oi, meu nome é depressão e estou há 1 dia sem mexer com o juízo do Gustavo"	**19**
2.	Do cárcere em casa à libertação no YouTube	**29**
3.	A depressão me transformou em tubarão	**43**
4.	Deus, me tira desse trem?	**55**
5.	Medo, medo, medo!	**69**
6.	Enfrenta que dói menos	**83**
7.	Você não precisa passar por isso sozinho	**95**
8.	Montando seu kit anticrise	**107**
9.	Use a depressão a seu favor	**113**
10.	Descubra o que te faz feliz	**125**
Epílogo		**139**

Antes de começar

"QUE TREM É ESSE!?"
CADÊ O AR?? …?!?! …!!!
…………… !?!?!?
TÔ MORRENDO?!? …!?!?!?
TÔ INFARTANDO!!!… !!! …!!!
EU PRECISO SAIR DAQUI!!!
SOCORRO!!!

Cremdeuspai… Eu tinha acabado de assistir ao último episódio da série *Breaking Bad*, e estava meio longe quando comecei a enxergar tudo meio preto. Perdi o sentido, a noção de tempo, de espaço, de horas. Esqueci até o meu nome, e a única coisa que passava na minha cabeça era que eu estava morrendo. Tentei respirar, mas não dei conta de puxar

O trem tá feio

o ar, e nisso meu corpo começou a formigar e a garganta a secar. Por mais que eu tentasse engolir, a saliva não vinha, e foi aí que terminou de lascar tudo, porque comecei a engasgar e o desespero tomou conta.

"Mãe!! Corre aqui no escritório que eu tô morrendo!! Não sei o que eu tô sentido!! Tô morrendo!", falei desesperado para a minha mãe no telefone. Eu estava sozinho no escritório de advocacia do meu primo, onde eu estava estagiando, e, depois de um bom tempo sem sentir nada daquilo, uma nova crise veio com tudo. Naquela hora, cismei que estava tendo um ataque cardíaco.

A primeira vez que eu tive pânico na vida eu ainda era criança, devia ter uns 7 ou 8 anos de idade. A cabeça começava a variar, eu saía de mim. Meu coração acelerava e eu falava: "Mãe, tô delirando!". Essa sensação durava uns dez minutos e passava. Tinha isso muitas vezes, mas minha mãe nunca sabia o que era. Numa cidade tão pequena como Cana Verde, não tem como saber o que é uma coisa dessas.

Lembro que era assim: do nada eu começava a delirar e sentia como se minha cabeça fosse explodir de tanto pensamento. Depois desse episódio, fiquei um bom tempo sem crises, até esse dia no escritório do meu primo, em que eu tinha certeza de que iria morrer de infarto. Minha mãe veio correndo para me buscar, e, quando entrei no carro, minha vista começou a apagar e o coração disparou. Que trem ruim! Passei a não saber mais onde estava, e o desespero só foi aumentando – e só de lembrar parece que volta tudo outra vez.

A sensação era de morte mesmo, porque eu sentia que estava sumindo, apagando do mundo. Comecei a dar uns murros no banco do carro pra ver se eu sentia alguma dor.

"MÃE, NÃO DEIXA EU MORRER, PELO AMOR DE DEUS!"

Cheguei em casa, deitei na cama, mas ainda não conseguia nem beber água, porque a falta de ar era demais da conta. Pedi pra minha mãe ligar pro médico, e ela ao mesmo tempo tentava me acalmar.

Conclusão, eu não infartei, *cê* acredita!? Mas daquele dia em diante, acabei me trancando dentro de casa por cerca de um ano, com um medo absurdo de pisar pra fora e morrer de qualquer coisa. Mas o curioso é que, sem ter ideia de que seria assim, enquanto eu estava preso, lidando com o medo da morte, o que poderia ter sido o meu fim era, na realidade, só o começo.

Vamo começar

Bença pra vocês tudo! Pros cinco mil habitantes daqui de Cana Verde e pra todo o resto do mundo também. Apesar de não ter nascido aqui, porque na época não tinha hospital na cidade, e de ter me mudado em 2014 para Belo Horizonte por conta do novo emprego do meu pai, o lugar que considero como minha casa mesmo é Cana Verde. É aqui que tem a roça do meu pai, dentro da cidade, mas que fica numa estrada de terra, afastada de tudo. Então meio que me divido entre BH e Cana Verde.

Sempre fui aleatório e falei uns trem muito aleatório na minha vida, então este livro vai ter um pouco dessa cara também, mas não só isso, porque a preocupação desde sempre é entregar aqui e em tudo o que faço algo verdadeiramente bom, e que, quem sabe, mude o dia de alguém para melhor.

O trem tá feio

Sou Gustavo Tubarão, mas morro de medo de tubarão desde criança, quando meu pai falava para eu não ir pro fundo do mar na praia porque lá tinha tubarão. E na realidade esse apelido veio de forma tão aleatória que não poderia ter dado mais certo. Lembro que tinha passado em Direito na época da faculdade. Fui por obrigação também, né? Daí marquei um trote na roça. Eu fui o último a chegar, estava atrasado. Então mandei um áudio: "Gustavo Tubarão tá chegando aí!". *Tá, Gustavo Tubarão!*, pensei, e em seguida lembrei também que o Batman tinha medo de morcego e botou um morcego como símbolo dele. Acabei botando o tubarão, porque eu tenho medo de tubarão... *Ah, fod@-se!* E assim ficou. Gosto de pôr um significado em tudo, eu sou meio brega assim mesmo.

Continuando, neste trem todo vou contar como liguei o fod@-se na fase em que fiquei preso dentro de casa e falei: "Ah, fod@-se! Não quero mais nada da minha vida! Vou começar a gravar vídeo!". Nesse começo era apenas eu, a câmera na minha frente e eu desatando a falar das minhas vivências de um jeito engraçado, sem roteiro nenhum mesmo. Vou contar como me divertia com aquilo, e assim dava um jeito de ir curando o pavor de ir até a padaria e ser morto esfaqueado por um estranho. Era desse jeito que eu criava o meu mundinho ali. Passava os dias pesquisando como editar vídeos, e tinha que fazer no notebook, porque na época não tinha como editar no celular. Aquilo tudo era a minha terapia.

Além dessa fase, vou dividir aqui com vocês como fiquei três anos da minha vida criando um sotaque que não era meu, uma gíria que não é minha, por medo de não ser aceito na internet. Aliás, o medo de não ser aceito veio desde sempre, começando em casa, porque sempre fui muito carente, a ponto de acreditar que tinha sido abandonado pelos meus pais quando criança, quando na realidade eles só tinham feito uma viagem a São Paulo por conta de uma cirurgia de uma das minhas irmãs.

Essa carência também me levou a me envolver com ecstasy e LSD numa época da minha vida, na tentativa de me encaixar num grupo e ter amigos. Pois é, chegou um momento da vida em que eu estava tão lelé da cabeça que comecei a vender droga – mas não me considero traficante. Vou contar do episódio de overdose com ataque de pânico e como comecei a jogar as drogas pela janela enquanto rezava: "Deus, se eu viver, nunca mais mexo com droga na minha vida!".

O trem tá feio

Tem base não a quantidade de história que tenho pra contar, da hipocondria persistente aos episódios de síndrome do pânico, depressão e transtorno borderline. Já pensei em me suicidar também, cheguei a querer pular da janela, porque a mistura de ataque de pânico com alucinação causava muito sofrimento. Sorte que um amigo meu não deixou.

Apesar desse show de horror, por outro lado também criei muita coragem e parti pro Instagram, focando cada vez mais essa rede social. Comecei a ganhar muitos seguidores depois de ter passado os três anos anteriores ralando pra conseguir 10 mil inscritos no canal do YouTube, que é o número mínimo pra ter monetização. Finalmente estava saindo do nada na vida, em termos de dinheiro, para ter alguma coisa. Fiquei muito feliz. Só que, no primeiro dia de monetização, hackearam o meu canal. Daí fiquei muito triste. E foi assim que fui pro Instagram, onde só parente me seguia, porque foi o que sobrou.

No começo não gostava, porque lá ninguém me via, e no YouTube eu postava meio que "escondido", porque tinha vergonha de que o povo visse meus vídeos. Mas de lá pra cá tudo mudou. Hoje no Instagram continuam me seguindo meus quinze parentes e mais 8,6 milhões de seguidores. Que trem doido.

É tudo uma loucura mesmo, porque, quando entrei em depressão, pouco antes de gravar os vídeos, ficava falando pra minha mãe: "Vou escrever um livro!". Do nada! Eu estava bem desregulado, mas de fato sempre quis escrever um livro, sim, só não queria que fosse sobre qualquer coisa. Mesmo tendo apenas 23 anos de idade atualmente, já vivi muitas histórias, passei por situações absurdas, e hoje vejo que muitas delas de alguma maneira têm servido para ajudar outras pessoas. Uma das experiências que considero como sendo principais foi o fato de o pânico ter me ajudado a tomar um rumo na vida, afinal, se não fossem aqueles primeiros vídeos que gravei enquanto me trancafiava dentro de casa, não estaria aqui hoje escrevendo este livro.

Nesta obra, não só vou dividir uns trem muito doido que vivi, mas também quero mostrar que nem sempre podemos agradar a todo mundo, mesmo sendo doloroso saber que não dá para fazer isso. Também é fundamental aprendermos a dizer não, bem como deixarmos de ser escravos de uma série de coisas, como o excesso de gratidão e a busca pela perfeição.

Então, para finalizar, porque já perdi o raciocínio umas 25 vezes até chegar aqui, meu propósito com este livro é principalmente mostrar como podemos transformar aquilo de mais negativo em nossas vidas em algo positivo, pois, como contei certa vez num dos meus vídeos, já cheguei a ter

O trem tá feio

1 milhão de ataques de pânico, mas, graças à mudança de atitude em relação à vida, esse milhão de pânico se multiplicou em milhões de bons motivos para continuar todos os dias influenciando positivamente pessoas por meio do humor e da simplicidade da vida.

MEU PROPÓSITO
COM ESTE LIVRO
É MOSTRAR
COMO PODEMOS
TRANSFORMAR
AQUILO DE MAIS
NEGATIVO EM
NOSSAS VIDAS EM
ALGO POSITIVO.

Capítulo 1

"Oi, meu nome é depressão e estou há 1 dia sem mexer com o juízo do Gustavo"

Se você tem ou conhece alguém que tem depressão, este livro é para você. Pensa num trem que destrói sonho, acaba com família, destrói tudo o que você tem, que é a dancinha TikTok... brincadeira! Quando fui convidado para escrever este livro, sabia que precisaria falar sobre um dos temas mais importantes da vida, que é a saúde mental.

Não sou psicólogo, não sou psiquiatra, mas decidi compartilhar aqui experiências do que já passei e passo, e o que eu faço para fugir desse trem todos os dias. Funcionou comigo, porém, não significa que vai funcionar com você da

O trem tá feio

mesma maneira, porque cada organismo é de um jeito. Ainda assim, pode te dar um norte, e essa é a minha torcida sincera.

Começo então falando sobre essa danada da depressão. O que é a depressão? Depressão é morte em vida. É você estar vivo e estar morto; nada tem mais graça, uma tristeza profunda. Tudo fica escuro – nossa, vou falando e já vem a vontade de chorar. Quando tive esse trem e ainda não sabia lidar com ele, eu via o inferno na minha frente. Já quebrei dedo, já tive problema de fígado, já tirei fimose na base da punheta, mas nada se compara à dor da depressão.

Por que a gente tem depressão?

A primeira coisa que tentamos entender é por que uma coisa dessas acontece com a gente. Mas se há uma certeza nisso tudo é que só vamos descobrir mesmo quando passamos a tratar a depressão. Tipo, não é uma coisa que vai embora assim sem mais nem menos, ou simplesmente se a gente ignorar, ainda mais quando ela deixa de ser silenciosa e vai estourando em um monte de sintomas.

O meu primeiro episódio depressivo foi em 2017, logo depois da perda de um amigo muito próximo a mim. Depois, ninguém sabe, só minha psicóloga e Deus que sabem, mas, quando estourei na internet, em 2020, me deu uma recaída violenta, porque teve muita mudança na minha vida, muito assédio, muita agitação, muitas pessoas falsas ao meu

Gustavo Tubarão

redor – até hoje, na verdade. Pessoas querendo me sugar 24 horas por dia, querendo a minha atenção pelo que eu tenho e não pelo que eu sou. E nessa época duas pessoas da minha região, aqui de Cana Verde, cometeram suicídio.

Como somos da região, entrei no perfil dessas duas pessoas para ver se me seguiam, e pior que seguiam. Em seguida

VOCÊ NÃO TEM NOÇÃO DO QUE É A DOR DA DEPRESSÃO. É VAZIO, A DOR PARECE SER FÍSICA; MAS A DOR É DA ALMA. IMAGINE 24 HORAS COM PENSAMENTOS SUICIDAS, SÓ PENSANDO TREM ATRAPALHADO... NÃO É FÁCIL.

gustavo tubarão

Gustavo Tubarão

entrei nas mensagens, e tinha textão das duas pessoas falando que me assistir aliviava a dor da depressão. Naquela mesma hora comecei a me culpar com o pensamento de: será que se eu tivesse respondido essas duas pessoas teria mudado alguma coisa, ajudaria alguma coisa? Sei lá, qualquer coisa... E comecei a me culpar por não conseguir responder todo mundo, até aceitar que não consigo mesmo responder todo mundo. Você não tem ideia do jeito que fiquei, e ninguém sabia, ninguém nem desconfiava, porque ninguém sabe quando a pessoa está com depressão.

O excesso de culpa é uma das características de quem é ou está depressivo. Se eu listar aqui a quantidade de vezes que me culpo e me cobro, nossa, vai mais uns três ou quatro volumes de livro, porque é demais da conta. E o motivo da minha depressão foi justamente me cobrar e me culpar demais. Culpar de coisa de que não tive culpa, por exemplo, e também me cobrar de coisas que não consigo fazer.

Agora, se você tem depressão, mantenha a calma. Sei que é extremamente difícil; falar é fácil, mas tem cura. Quando eu a tive em 2017, foi cabuloso. Fiquei um ano preso dentro de casa. E quando tive em 2020, fiquei cerca de um mês e meio, quase dois meses, com os sintomas muito fortes. Mas como já era a segunda crise, dessa vez tive menos dificuldade de sair dela, porque já sabia o que era e consegui descobrir o motivo da depressão.

O trem tá feio

Então, por favor, não tenha vergonha. Ao ler este livro, caso você esteja nessa situação ou conheça alguém assim, não deixe de buscar ajuda profissional. Pode ser que haja uma pessoa do seu lado que você nem imagina que tenha depressão, mas ela pode ter, porque a pessoa com depressão não demonstra para ninguém, muito pelo contrário. Eu mesmo tive muita vergonha de falar que tinha depressão, e não sei o porquê até hoje, mas tive.

Você não tem que ser melhor do que ninguém, não tem que ter o corpo mais bonito, nem tem que ir aos melhores restaurantes. Compartilho tudo isso com você aqui porque a internet é o lugar mais tóxico do planeta. É, na realidade, um dos lugares que causam mais depressão nas pessoas hoje em dia, pois é uma falsidade só. Por que é falso? Porque estou dentro dela, e quanto mais vou conhecendo as pessoas, mais reconheço o quão falso esse ambiente virtual se tornou.

Com a fama, aprendi que não preciso ter nada do bão e do melhor para ser feliz. Descobri na verdade que a felicidade sempre esteve aqui dentro de mim muito antes da fama. Não sou feliz porque tenho uma banheira de hidromassagem. Sou feliz quando nado na caixa d'água da minha casa na roça com o meu cachorro. Não sou fod@ porque tenho um carro do ano, sou grato por ter a Pampa velha, ainda mais porque foi debaixo dela que adotei o Paiacin, meu cachorro, e esse acontecimento realmente mudou a minha vida.

SE VOCÊ CONVIVE COM ALGUÉM QUE TEM DEPRESSÃO, ACOLHIMENTO É A PALAVRA CERTA. ABRACE A PESSOA, PROCURE ENTENDER PELO QUE ELA ESTÁ PASSANDO. E, SE VOCÊ TEM DEPRESSÃO, PARE DE SE COBRAR E DE SE CULPAR.

O trem tá feio

Quando estava no auge da depressão, em 2017, chorava no banho em posição fetal e conversava com Deus, e aqui já aproveito para deixar bem claro que depressão não é falta de Deus, não tem nada a ver com Ele. Continuando, eu conversava com Deus e falava: "Deus, se Você me ajudar a sair dessa merd@, desse trem dos infernos, vou tentar tirar o máximo de pessoas que eu conseguir disso também".

Então é isso. Seja nas minhas redes sociais, seja agora neste livro, estou tentando cumprir essa missão. Portanto, já compartilhe esta leitura com todo mundo que você conhece, com ou sem depressão, não importa, porque o importante mesmo é que todo mundo saiba que depressão tem cura, sim, e é possível viver livre dela.

Deus abençoe, e fica firme aí.

Do cárcere em casa à libertação no YouTube

Da crise de depressão que tive no escritório do meu primo até ser resgatado pela minha mãe e ser acalmado por ela em casa, tudo não deve ter durado mais de quinze minutos. Porém, quando passou o pico, fiquei um ano preso dentro do quarto, com medo de passar por aquilo de novo. Já no dia seguinte eu não queria sair mais. Parece que tudo ficou escuro, como se o teto tivesse ficado preto, e foi um ano inteiro naquele medo. Tinha medo até de ir à cozinha para beber água. E o pior é que passei a ter crises com frequência, pelo menos umas três vezes no dia... antes fosse na semana.

Duas semanas depois desse primeiro episódio, comecei a ir à psicóloga, que também fazia meditação, e isso me ajudou bastante a descobrir o que tinha causado tudo aquilo.

O trem tá feio

Passou um bom tempo até que eu pudesse pôr os pés para fora de casa de novo, e fui retomando o contato com o mundo aos poucos. De início, comecei a ir ao mercado sozinho, mas tinha vezes que eu nem conseguia sair da cama de tanto medo. Ou até conseguia, mas depois voltava apavorado.

Tinha vezes que chegava a ir a algum lugar, mas daí vinha a crise, então eu voltava para trás com mais medo ainda. Era como se sair de novo fosse perigoso e motivo de começar o pânico que eu tinha sentido lá atrás. Até hoje isso acontece, mas consigo controlar. Quando estou num lugar e do nada me dá um negócio esquisito, já começo a ficar ofegante. Mas tem sido bem menos frequente, e também já me conheço mais para saber como passar por esse momento.

Só voltei a sair de casa e comecei a viver uma vida normal depois de 2019. E o que me ajudou muito foi começar a fazer teatro, foi uma experiência muito boa. Saí de uma cidade de cinco mil habitantes, que para mim parecia bastante repressiva, e no teatro mudei completamente minha visão de mundo. Lá comecei a me descobrir, a me aceitar e lidar com meus defeitos.

O teatro foi algo que eu sempre quis fazer e que me mantinha longe das crises também. Em 2018, eu havia começado a fazer Direito, por pura pressão do meu pai, que queria que eu garantisse meu futuro com uma profissão bem-sucedida.

Mas perdi as contas de quantas vezes cheguei a passar mal por ter que encarar um curso de que eu não gostava. Ele me levava à faculdade de manhã e eu ia me tremendo todo. Quando olhava para meus dedos e eles começavam a chacoalhar sem parar, eu já sabia que não estava normal. Era muita crise mesmo.

Até que cheguei a pedir para meu pai conversar com todos os professores de Direito da faculdade para explicar a situação. "Olha, meu filho tem ataques de pânico. Então pode ser que do nada ele saia da aula...". Depois disso, passei a ter mais segurança de ir pra lá. Mas não era um trem de que eu gostava de verdade mesmo. Fora que não conseguia estudar de jeito nenhum, por causa do déficit de atenção. Tinha que acontecer algo na aula, um evento diferente que me chamasse muito a atenção, senão eu ficava viajando.

Conversava direto com a minha psicóloga, a Maria, e falava para ela que eu não tinha coragem de mudar as coisas na minha vida – por exemplo, enfrentar a minha família e dizer que não queria o Direito, mas sim viver do teatro. Eu sabia que iria sofrer muito a partir dessa decisão, pois meu pai chegou a esfregar na minha cara e para todos à minha volta, tipo irmãs e primos, que eu iria passar fome se parasse de estudar e continuasse com essa história de ser artista. Mas taquei o fod@-se mesmo, e quando chegou na metade daquele ano, tomei coragem de falar pro meu pai que eu iria trocar de curso.

O trem tá feio

Na realidade, eu queria ser ator, fazer novela e filmes, então segui em frente e, pela primeira vez, assumi algo que eu realmente queria começar na minha vida de verdade. "Pai, não vou mais fazer Direito, vou começar a trabalhar e quero fazer teatro. A faculdade de teatro é mais barata que a de Direito, e não se preocupa, que eu vou procurar emprego e trabalhar." Então foi assim que, com muito custo, consegui mudar a cabeça do meu pai e da minha família sobre o rumo que tinha escolhido para a minha vida.

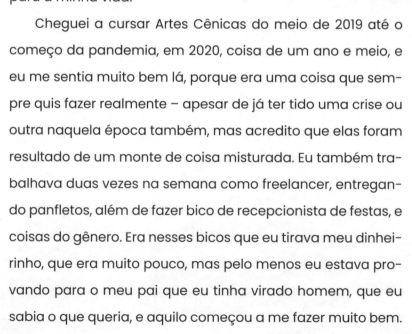

Cheguei a cursar Artes Cênicas do meio de 2019 até o começo da pandemia, em 2020, coisa de um ano e meio, e eu me sentia muito bem lá, porque era uma coisa que sempre quis fazer realmente – apesar de já ter tido uma crise ou outra naquela época também, mas acredito que elas foram resultado de um monte de coisa misturada. Eu também trabalhava duas vezes na semana como freelancer, entregando panfletos, além de fazer bico de recepcionista de festas, e coisas do gênero. Era nesses bicos que eu tirava meu dinheirinho, que era muito pouco, mas pelo menos eu estava provando para o meu pai que eu tinha virado homem, que eu sabia o que queria, e aquilo começou a me fazer muito bem.

Gustavo Tubarão

O teatro mudou muito a minha cabeça. Era um ambiente bem menos machista e preconceituoso do que o que eu estava acostumado. Lá rolava uma grande conexão, tinha gente de tudo quanto era tipo, gênero, raça e tudo mais, e todo mundo se aceitava. Sempre fui muito travado pra fazer as coisas, porque tinha medo do julgamento das pessoas. Esse bloqueio valia para tatuagem – que é uma das minhas paixões –, jeito de me vestir, corte de cabelo. E o teatro me libertou dessas amarras que eu colocava em mim, enfim, me ajudou a ligar o fod@-se. Sempre fui muito tímido, e não é que deixei de ser, mas hoje sei controlar a timidez. Sei chegar em um lugar diferente, conversar, perguntar, pedir informação na rua, porque perdi muito dos bloqueios que eu carregava.

O teatro ficava dentro do campus universitário da PUC-Minas, e, se eu fizesse três semestres, tiraria o DRT – caso passasse também, né? Só que tomei bomba no primeiro semestre! Eu era bem... Não é que eu era ruim, mas bem na véspera da nossa apresentação final teve um jogo do Brasil contra a Argentina. Bebi muito e, no dia da apresentação, fiquei de ressaca, daí passei mal. Eu estava muito zoado.

O avaliador me elogiou muito, mas fui reprovado porque ele quis me dar uma lição sobre conduta. De verdade, ele sempre me elogiou muito, e não digo isso porque tô me achando, não. Mas essa apresentação final me quebrou, porque o teatro é um corpo, e se você tem vinte pessoas no espetáculo e falta uma, f@de tudo. Prejudiquei a turma inteira nessa apresentação, então não tive como escapar daquela reprovação.

Como não parar a vida por causa da depressão

Na semana em que bati 1 milhão de seguidores, também senti que havia completado 1 milhão de crises de ansiedade. Na época pensei em postar um retrato segurando um balão, ou um milho para comemorar aquela marca, mas em vez disso usei a minha rede para tentar ajudar de forma direta todo mundo que eu pudesse que sofria de depressão e pânico. De lá para cá já passou muita coisa, mas continuo mantendo a promessa que fiz para mim mesmo anos atrás, como já contei aqui, e que é a forma que encontrei de poder agradecer.

Voltando a 2017, o ano mais difícil da minha vida, eu não me imaginava fazendo nada do que faço hoje, pois sentia coisas que sinto até hoje de vez em quando e que não desejo nem para o meu pior inimigo. Sempre me vi como uma pessoa muito fraca, que desiste de tudo, largando no meio do caminho tudo aquilo que começava. Desde aprender o simples violão até trancar a faculdade de Direito.

Até que, quando perdi meu amigo, minha família começou a me pressionar para estudar – e eu odiava estudar

–, e isso juntou com a repressão religiosa – sempre acreditei em Deus, mas vivia sentindo culpa com as pregações do culto e um montante de trem que formou uma bola de neve. Chegou um momento em que a depressão e a síndrome do pânico se instalaram de uma forma violenta.

Já tentei até suicídio, e minha família só soube quando contei isso na internet. Foi a pior sensação que já tive na vida. Mas tinha uma coisa naquele inferno que me tirava a risada, de que sempre gostei, que é vídeo na internet, e comecei a gravar mesmo com depressão. Todo mundo ao meu redor falava: "Para, já tem um tanto de gente que faz isso; é difícil demais dar certo; você vai passar fome; vai estudar; você é ruim", e eu gravava.

Sabe por que eu continuava insistindo? Porque aquilo era a melhor coisa do mundo para mim. Postava no YouTube e nem cinquenta pessoas assistiam aos meus vídeos, mas eu me sentia bem. Era uma espécie de terapia para mim. Sempre pedi a Deus que me enviasse uma luz, que mandasse um recado que falasse "Meu filho, você veio para a Terra para fazer tal coisa".

Antes de ser influencer, o meu sentimento era de que eu não servia para nada, principalmente porque tudo o que eu pegava para fazer, eu logo desistia no meio do caminho. Mas depois que descobri o que realmente fazia sentido na minha vida, não apenas comemorei 1 milhão de seguidores quando estourei no Instagram, como também vi o tanto

A ANSIEDADE E A DEPRESSÃO NÃO TÊM O PODER DE PARAR A SUA VIDA QUANDO VOCÊ DESCOBRE O QUE REALMENTE TE MOTIVA.

gustavo tubarão

o trem tá feio

Gustavo Tubarão

que cresci e conquistei em todos os anos seguintes, porque eu nunca parei, nunca desisti.

Gravar me motiva a viver, e cada vez mais acredito que essa é a luz que eu tanto pedia a Deus. Chorava no banheiro, sempre na posição fetal, e continuava repetindo que se um dia eu saísse daquele inferno, tentaria ajudar o máximo de pessoas que conseguisse. E continuo até hoje, não mais na posição fetal chorando no banho, mas focado em ajudar o máximo de pessoas que posso a enxergar que tem como sair dessa merda.

Agora, quem acha que é do dia pra noite que a gente sai do atoleiro, deixa eu explicar uma coisa. Tudo é um processo, e você vai precisar ter paciência, não tem jeito.

Quando comecei, mesmo antes de ingressar na faculdade, já havia entrado nas redes sociais, porém, minha conta não passava de dez mil seguidores. Minha família inteira me criticava, mas eu continuava gravando do mesmo jeito os vídeos e soltando no YouTube, porque aquilo tudo funcionava como válvula de escape. Então, mesmo trabalhando e fazendo teatro, não parei de produzir conteúdo para a internet. Na realidade, comecei nas redes sociais logo depois da minha primeira crise, pois eu pensava: se continuar assim eu vou morrer ou vou me matar, então preciso fazer alguma coisa de que eu goste, que eu sonhe em fazer.

Então foi assim que comecei a gravar vídeos no mesmo ano da minha primeira crise de depressão, dentro do

O trem tá feio

meu quarto, direto de Cana Verde para o mundo. Botei uma câmera na minha frente e comecei a falar a besteira que viesse, sem roteiro nenhum. É óbvio que eu queria que desse certo, queria ficar famoso. Mas o mais importante era que aquilo me fazia esquecer de todos os problemas, servia como uma baita terapia para mim.

Para você ter uma ideia, sofrer de depressão não impede de usarmos nossa criatividade quando estamos fazendo aquilo de que realmente gostamos. Os meus vídeos sempre foram feitos a partir das ideias que surgiam na minha cabeça, que quase sempre vivia confusa, mas eram autênticos. Quando transmitimos verdade, algo do coração mesmo, a coisa deslancha.

Assim era para tudo que eu fazia, tanto que certa vez, ainda na faculdade de Direito, cheguei a ganhar um prêmio pela criação de um produto. Sempre fui ruim de estudo, mas o que não me faltava era ideia, que chegam assim mesmo, uma em cima da outra, atropelando sem pedir licença. Quando tivemos que bolar um produto para a matéria de Direito Empresarial e fazer o marketing dele, pensei no produto, roteirizei, filmei e fiz a edição. O produto era uma boneca inflável faz-tudo: ela lavava louça, arrumava a casa, corria atrás de bandido, voava, fazia de tudo mesmo. Não sei se foi o produto inusitado ou o grau de tosquera, mas fato é que meu grupo ganhou! Ficou muito engraçado mesmo, e o que no final das contas garantiria o prêmio, que no caso era

PARA VOCÊ TER UMA IDEIA, SOFRER DE DEPRESSÃO NÃO IMPEDE DE USARMOS NOSSA CRIATIVIDADE QUANDO ESTAMOS FAZENDO AQUILO DE QUE REALMENTE GOSTAMOS.

O trem tá feio

o dobro de pontos, era o marketing do produto. A faculdade inteira viu esse vídeo depois, e por causa dele fiquei "famoso" – agora umas cem pessoas me conheciam!

Então vê que engraçado, de um moço tímido da roça, que sentia medo da própria sombra e havia ficado trancado no quarto de casa com medo de sair pro quintal e um meteoro cair na cabeça, saltei no ano seguinte para um marketeiro universitário e youtuber. Cheguei até a ser contratado por uma turma do 2º ano que estava fazendo essa mesma matéria, e ganhei R$ 50 para desenvolver um produto para eles, dessa vez um iogurte. Roteirizei, fiquei o dia inteiro gravando, editando, e os fiadaputa ganharam também o prêmio de melhor marketing! Até que chegou um momento em que os vídeos de marketing para a faculdade começaram a fazer mais sucesso do que o que eu produzia na minha rede social, e nisso fui vendo que eu tinha talento – sem contar que também me deu ainda mais certeza de que deveria seguir no teatro.

Se a sua mente também alucina assim e a criatividade fala alto, pode ser a oportunidade que você aguardava para sair da depressão e da ansiedade, caso esteja sofrendo com alguma delas. O importante é você começar a enxergar quem é você mesmo, por trás de tudo que te acontece, para entender que a sua vida não precisa parar por causa da depressão.

O IMPORTANTE É VOCÊ COMEÇAR A ENXERGAR QUEM É VOCÊ MESMO, POR TRÁS DE TUDO QUE TE ACONTECE, PARA ENTENDER QUE A SUA VIDA NÃO PRECISA PARAR POR CAUSA DA DEPRESSÃO.

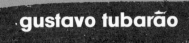

gustavo tubarão

Capítulo 3

A depressão me transformou em tubarão

"Agora cê vai virar vagabundo mesmo, Gustavo?!?" Foi com essa voadora que fui recebido em casa assim que falei que ia sair do teatro para focar apenas o meu canal do YouTube. No começo da pandemia, em 2020, faltava só um semestre para eu me formar em Teatro, e quando os vídeos começaram a viralizar, eu já estava com 500 mil seguidores, o que me garantia uma renda.

Daí você imagina o que é conquistar uma fonte segura de renda aos 20 anos? Naquele momento foi a glória, porque até então foi a maior conquista que eu havia alcançado. Com isso não pensei duas vezes – mentira, pensei algumas vezes, sim –, e resolvi largar o teatro para focar 100% os vídeos.

O trem tá feio

Pensa no surto que os meus pais tiveram. Eles ainda tinham na cabeça que eu deveria ter uma profissão tradicional que garantisse estabilidade, e quando souberam que comecei a faturar cerca de R$ 1 mil a R$ 1,5 mil por mês, o que eu achava que estava muito bom, porque era muita grana pra mim, meu pai não entendeu. Ele achava que esse dinheiro era errado, por que de onde é que estava vindo, afinal, se não tinha uma carteira registrada em firma ou coisa assim?

Mesmo com a desconfiança inicial da minha família, não desisti, pois estava decidido a largar tudo mesmo e viver dos vídeos. Gravava todo santo dia e subia um a um com cada vez mais frequência na plataforma, e nisso um ano inteirinho se passou. Meus pais mais uma vez se assustaram, porque eu havia chegado a 1 milhão de seguidores muito rapidamente. Tanto que, durante a pandemia, voltei pra Cana Verde e começou a juntar muita gente na porta de casa, inclusive gente da cidade vizinha. Quando eu saía com meu pai pra algum lugar, como um restaurante ou coisa assim, mesmo na pandemia eu sofria muito assédio, tinha que tirar muita foto. Eu morrendo de medo da Covid-19 e o povo correndo pra tirar foto comigo. Meu pai, coitado, continuava sem entender nada do que estava acontecendo. Mas aos poucos ele foi aceitando.

Por falar em aceitação, se tem uma coisa que quem está sofrendo de depressão ou ansiedade precisa entender é que o primeiro passo é aceitar que precisa de ajuda para encarar

QUEM ESTÁ
SOFRENDO DE
DEPRESSÃO
OU ANSIEDADE
PRECISA ENTENDER
QUE O PRIMEIRO
PASSO É ACEITAR
QUE PRECISA
DE AJUDA
PARA ENCARAR
ESSA FASE.

O trem tá feio

essa fase, e vou continuar repetindo isso até o final deste livro, pois, caso você ou alguém próximo esteja passando por isso e ainda não tenha procurado tratamento, não deixe mais para amanhã o que você tem que fazer agora.

Até hoje tenho a minha psicóloga me dando suporte sempre que preciso, e na época das crises, então, é que eu corro mesmo para conversar com ela. Quando comecei o tratamento, cheguei a contar só para ela o que vou contar agora.

Quase sempre chegava transtornado ao consultório, e certa vez disse para a Maria que eu não acreditava que Deus iria fazer isso de me mandar uma depressão, mas de certo modo entendia que Ele havia permitido que tudo aquilo por que eu estava passando acontecesse – mas calma que vou explicar.

Primeiro quero deixar bem claro que depressão não é falta de Deus, nem castigo. A depressão é simplesmente uma doença que altera a química do cérebro, causando desequilíbrio em hormônios que regulam o humor – que é o caso da serotonina, noradrenalina, dopamina e um montão de outros. Quando isso acontece, a comunicação entre os neurônios, ou, pra falar mais chique, os "neurotransmissores", começa a falhar, e daí é que vem aquele sentimento de tristeza, falta de ânimo, medo exagerado, insônia, taquicardia ou até mesmo vontade de morrer.

A depressão pode ser genética ou causada por algum trauma que a gente teve, como a perda de um parente, um término de relacionamento, entre outras coisas. No começo a gente muitas vezes acredita que ela vem do nada, sem motivo algum, mas não é bem assim. Por isso é fundamental fazer tratamento psicológico, pois só quando tratamos a causa – e para isso precisa descobrir que causa é essa, que fica escondida lá no nosso subconsciente – é que temos condições de sair da depressão.

Como já havia dito aqui, a minha vida virou uma pressão de todos os lados em 2017, com cobrança da família para eu estudar e eu sem saber o que queria da vida. Então, depois de passar quase dois anos dentro do quarto fechado, digo que a depressão me transformou. Eu era um cara que não queria nada com nada. E, depois de passar pelo que passei, parecendo que estava tudo perdido, foi daí que tirei forças para correr atrás do meu sonho. Amadureci depois que venci a depressão. Isso porque encarei o processo de buscar entender como lidar com minhas emoções e sentimentos.

Agora, por mais que a minha vida seja pautada pelo humor, o tema depressão é muito sério, por isso, não poderia deixar de trazer aqui a fala da própria Maria, minha psicóloga, que é quem realmente entende do assunto como profis-

AMADURECI DEPOIS QUE VENCI A DEPRESSÃO. ISSO PORQUE ENCAREI O PROCESSO DE BUSCAR ENTENDER COMO LIDAR COM MINHAS EMOÇÕES E SENTIMENTOS.

gustavo tubarão

Gustavo Tubarão

sional da área e que cuida não só do meu caso, mas também de inúmeros outros.

Parecer psicológico de Gustavo Freire

Março de 2018, entra pela porta do meu consultório um jovem atordoado dizendo: "Preciso de ajuda!", alegando momentos desajustados e intensos de depressão e pânico. Explorando seu histórico infantil familiar, se conscientizou de culpas de origem divina, repetindo afirmações como "sou um pecador", "Deus vai me punir", introjetando uma imagem de Deus perverso. Dentro de uma perspectiva prepotente e arrogante, ele se autopunia como castigo pelos seus pensamentos e atitudes consideradas pela doutrina a ele imposta como algo errado. Ao trazer o tema morte de um amigo íntimo por acidente, acolheu impotência perante o fato; conscientiza que se encontra em conflito de identidade, hora jovem adulto masoquista, hora criança sádica. Punindo-se ao perceber prazer no sofrimento do outro, masoquista e sádico ao mesmo tempo. A introjeção dos medos, fantasias e idealizações infantis naturais não foram devidamente elaboradas de maneira saudável, e sim permeada pelo cunho religioso

O trem tá feio

calcado em culpas e, como toda criança com inteligência sensitiva, absorveu o mundo externo de maneira intensa tanto no positivo quanto no negativo do que lhes são ensinados, instalando-se na intensidade do drama.

Logo na terceira sessão, admitiu: "Sou um psicopata"! Trabalhamos com: "Você tem característica psicopata, e não instalado no transtorno da psicopatia". Como esperado, logo absorveu novos conceitos e conhecimentos, aprendendo a se autodiagnosticar por meio de instrumentos exercidos durante as sessões, levando-o a conhecer sua integridade na sua identidade pessoal, saindo da instalação do conflito do quem sou eu e o que eu quero fazer com o que permiti que fizessem comigo (o mundo/ pessoas). Seus traumas instalados desde a infância foram um por um sendo elaborados no aqui e agora, fechando Gestalt (situações inacabadas, interrompidas por medos introjetados com possíveis punições).

Acreditava que, para sanar seus fantasmas e pensamentos intrusivos de automutilação, conviveu com a sensação de morte como um fim para suas alucinações persecutórias que o desestabilizavam, utilizando como mecanismo de defesa não saudável ingestão em excesso de bebida alcoólica e drogas ilícitas, como também se envolveu em confusão, resultando em brigas com violência; alega-

Gustavo Tubarão

va assim uma baixa autoestima, em momento de lucidez acreditava em sua capacidade de sair de seus conflitos pela morte.

A sensação intrínseca da criança em si desamparada o fazia se sentir órfão de pais vivos, e com essa mente inquieta assim convivia. Em um momento de lucidez clara, se conscientizou do seu aqui e agora me presenteando com a seguinte afirmativa facilitadora:

"O BEM TÁ ME FAZENDO MAL!"
"E O MAL TÁ ME FAZENDO BEM!"

"Prato cheio" para trabalharmos com sua baixa autoestima e o seu não merecedor do bem-estar versus o seu masoquismo.

Orientado a buscar ajuda também medicamentosa, psiquiátrica, complementando o processo de autoajuda psicológica, assim o fez demonstrando sua capacidade de mais uma vez ser humilde e admitir buscar ajuda no que ainda lhe faltava, repondo no organismo substância para manutenção complementar, pois fora diagnosticado com "Transtorno Borderline". E no momento de uma das sessões, quando assumiu

O trem tá feio

"Sou muito louco!", deu início a sua saída da desestabilização instalada, da alienação para um ser consciente.

Só saímos de onde estamos quando nos conscientizamos sobre onde estamos e como estamos e para onde queremos ir. Nesse momento, se deu um insight da autocura, saindo da esfera da alienação para uma pessoa íntegra, plena em sua capacidade de fazer escolhas como adulto no mundo. Somos a soma de nossas escolhas, aprendendo a lidar com conteúdo inconsciente por meio de técnicas de projeções e transferências em nossas relações intra e extrarrelacionais. Assim nos conduzimos a uma mente saudável de início.

Gustavo Tubarão aprendeu a domar a loucura, o insano, e hoje trilha no domínio da sua mente, pois ela é elástica através do instrumento do "pensar". Ao buscar ajuda psicoterápica, acolheu a coragem de vencer o preconceito de que psicólogo é para louco, vencendo a etapa da negação e da resistência com que o meio nos contamina, pois, durante o processo, percebe-se dolorosamente o que eu tenho em mim que eu não gosto, lidando com a autorrejeição. Porém, "quem estou sendo no mundo" é um processo dinâmico, sendo o meu EU autêntico, íntegro, incorporando-se durante a dinâmica, também, da vida.

Entre a insanidade e a sanidade, a lucidez e não lucidez, existe um trilhar bem conhecido e autorreconhecido por Gustavo Tubarão. Ele é um sobrevivente hoje da dicotomia *entre a pulsão da vida Eros e a pulsão da morte Thanatos, lidando de forma equilibrada, com "mãos" firmes quando se depara com suas regressões e/ou recaídas, sem a ilusão de que não mais lidará com a indesejada sensação entre o bem e o mal que o trilhar da vida lhe proporcionará.*

Não temos a capacidade de controlar e ter o poder do outro, nem das situações externas; o único poder que temos é sobre nós mesmos, o poder do nosso quesito mental. Somos muitas vezes o que pensamos que somos. Hoje sobrevivente saudável de sua intrínseca luta interna entre vida e morte, canalizada no que produz profissionalmente, sendo sua seiva, elemento vital para manutenção da busca dinâmica alcançada, dando sentido e significado à sua função, propósito existencial da coexistência pragmática de todo ser humano.

Hoje, como mestre e dono da sua própria "orquestra sinfônica" interna em seus acordes baixos e altos, tem buscado dominar pensamentos/sensações negativas oriundas do seu passado e a lucidez de sua capacidade de dominar no aqui e agora seus "dragões", por ele conhecidos e reconhecidos no seu processo psicoterápico de autoconhecimento que o leva à autocura.

Deus, me tira desse trem?

Tudo começa a dar errado. Não aguento mais procurar respostas das coisas. Não é pra tudo que devemos ter respostas. Se ficarmos procurando o porquê de tudo, acabamos surtando. Me peguei várias vezes de madrugada pensando: de onde veio Deus? Tipo, eu sei que Deus é Deus. Mas de onde veio Deus?

São uns pensamentos meio doidos do tipo: já parou pra pensar se formos células? Tipo, nosso planeta é uma célula. E nós estamos no núcleo. E cada planeta é uma célula. E estamos no corpo de Deus?

MEU DEUS!!!

O trem tá feio

É muita loucura. E eu de fato já tive várias crises só de pensar nisso. Hoje eu gosto de acreditar, me faz bem em projetar um Deus que é amor. Tipo, eu sei que Ele existe porque já tive experiências (sim, você pode achar que sou esquizofrênico por conversar com alguém imaginário), já tive essa desconfiança de mim mesmo, mas é diferente. Inclusive estou escrevendo isso numa madrugada. Eu poderia estar tendo uma crise por pensar nessas coisas, mas estou dividindo meus pensamentos. Talvez à procura de respostas também? Kkkk!!! Não sei.

Tenho traumas de igreja, e aprendi com um profeta que pastores também erram e são humanos. Vai me falar que você chega no seu trabalho todo dia de bom humor? Com pastor não é diferente. Demorei um pouco pra aceitar isso, mas é verdade.

Hoje, tudo que eu acho errado peço a opinião do Espírito Santo. Foi assim que me aproximei de Cristo novamente. Eu odiava igreja por traumas do passado. Quando era criança, tinha um pastor na minha igreja que julgava tudo. Minha mãe chegou a jogar fora várias camisas do Guns, Nirvana, Beatles, porque ela pensava que minha irmã tinha depressão por causa delas. Quanta besteira...

Vou repetir, porque isto aqui é muito importante: depressão não é falta de Deus. Saí da igreja em 2014, quando me mudei pra Belo Horizonte. Até fui algumas vezes à Batista da Lagoinha. Mas em 27 de agosto de 2017,

ISTO AQUI
É MUITO
IMPORTANTE:
DEPRESSÃO
NÃO É FALTA
DE DEUS.

gustavo tubarão

O trem tá feio

quando perdi um amigo num acidente, perdi a pouca fé que me restava em Deus.

Até que anos depois recebi um convite para ir ao desfile das campeãs das escolas de samba no Rio de Janeiro. Eu via esses trem de escola de samba só na televisão. Então fui todo empolgado pro Rio de Janeiro, porque era tudo novo pra mim, e fiquei na Barra da Tijuca, na casa do meu amigo Nathan, que estava jogando pelo Fluminense na época.

Chegando lá, me lembro da data exata, dia 29 de abril de 2022, em que eu acordei assustado. Não sei dizer se foi sonho ou visão, Jesus ou Espírito Santo. Sei lá. Só me disse assim: me encontra hoje, tem que ser hoje. Acordei pulando, mas não tive uma sensação de obrigação, daquele Deus mau e vingativo que eu pensei que fosse. Foi uma sensação de paz, de conforto, que não sei bem explicar. Só sei que liguei pra um amigo, o Vulks, que é um pastor de BH mas que estava morando no Rio. Ele havia sido rapper, um cara do mundo. Mas ele largou as drogas, virou pastor, porém continuou fazendo suas rimas. E aquilo chamava a minha atenção, achava que era uma coisa diferente. Perguntei se tinha culto ou algo do tipo naquele dia, daí ele me falou que tinha uma célula na Barra da Tijuca, e era do lado de onde eu estava ficando.

Fazia mais de cinco anos que eu não ia à igreja, e foi lindo lá na célula... Mentira, foi chato pra carai. Quando cheguei, resolveram fazer uma oração pra receber os visitantes

Gustavo Tubarão

novatos, que eram eu e mais três mulheres. Quando a célula acabou, o pastor passou orando e botando a mão sobre a cabeça de todo mundo, mas o que mais me chamou atenção é que naquele lugar tinha um cara "malvestido" no meio de todo mundo "bem-vestido". Ele estava descalço e de bermuda. Quando olhei pra ele, me veio na hora o pensamento de que devia ser um drogado que haviam forçado a estar ali. Mas bem na hora da minha oração, esse fia das unha levantou e começou a profetizar um monte de coisas, e me arrepiei todo.

No começo, desconfiei, achei que ele devia me conhecer por causa dos vídeos. Até que ele começou a falar de uns trem pessoal. Misericórdia! Depois que ele terminou a oração, o sujeito me disse: "Me desculpa, eu não te conheço, mas quando te vi eu tive uma visão. O Espírito Santo me mostrou que você é uma alma perdida. Não sei se você usa drogas, não sei do seu passado, mas te vi em cima de um palco lotado, e você estava muito mal, muito triste. Mas daí começou a tocar uma harpa e, no que fazia isso, expulsava demônios. Deus te quer de volta! Ele sabe de tudo o que você passou, o que você sofreu na igreja".

Apesar de nunca ter tido um olhar crítico para ninguém, até porque nasci numa cidade de cinco mil habitantes e vivia descalço e mal-arrumado, sem me dar conta, eu também havia menosprezado aquele cara, e ele sabia tanto sobre mim sem nem me conhecer. Esse cara malvestido

O trem tá feio

era um profeta, do qual hoje virei amigo, e com ele pude me aproximar de novo de Cristo. Ele não frequentava a célula em que foi naquele dia, mas simplesmente teve o direcionamento do Espírito Santo, que falou pra ele ir à tal célula da Barra da Tijuca. Ou seja, Deus preparou um encontro comigo. Foi o próprio Espírito Santo que me chamou, que me acolheu de volta.

Eu não gosto de religião, nenhuma delas, mas sou extremamente apaixonado por Jesus Cristo, e já tive algumas experiências sobrenaturais. Uma vez estava no avião indo pra Goiânia. Senti uma sensação toda esquisita, e automaticamente fiz um depósito pra minha mãe de um valor X; senti que teria que fazer aquilo. Logo em seguida meu pai me liga, dizendo que minha mãe estava chorando de alegria. Minha mãe estava com o nome sujo, devendo ao banco. E o valor que enviei era exatamente o quanto ela precisava.

A repressão religiosa dentro da igreja foi um dos traumas mais pesados da minha infância, que fez com que eu me afastasse da igreja por muito tempo apesar de ter nascido num lar cristão. Cheguei a ter ranço de igreja por causa disso. Mas algumas coisas absurdas como essas que estou contando aqui, envolvendo a presença do Espírito Santo, mesmo estando longe da igreja, foram aos poucos me fazendo voltar a ter essa fé em Deus. É meio bizarro.

Quando estava em depressão, eu orava muito, chorava demais e em posição fetal, como você já sabe. Meu corpo todo tremia, e eu falava: "Deus, se você existe mesmo, vai me tirar desse trem aqui, vai realizar o meu sonho. Eu prometo que, se o Senhor realizar o meu sonho, eu falo do Senhor. Nem que seja mal, mas eu falo".

Fiz uma oração muito reforçada antes de o primeiro vídeo estourar. Pedi a Deus que me permitisse chegar aonde queria e prometi que falaria Dele em retribuição. Foi antes da pandemia. Certa vez, uma irmã da igreja começou a orar em línguas, e eu comecei a rir. Sou um crente que não gosta de crente. Me desculpa, mas tem crente que é insuportável! Kkkk… Ela começou a falar assim: "Deus vai te tirar disso, Deus tem grandes planos na sua vida, você vai conquistar coisas que nunca imaginou. Ele só quer que você fale Dele", e dá-lhe "Arabalanumsseiohqueláh!".

Por fim, ela me falou que eu não precisava ser o tal crente chato, mas mesmo assim poderia falar de Deus, que era tudo o que ele queria. Então inventei um bordão, que repito todos os dias: "Bom dia, turma, Deus abençoe". Uma semana depois, meu primeiro vídeo estourou. Não sei se foi por causa disso, mas faz parte da oração que eu fiz.

Não sei se você acredita em Deus, tem alguma fé ou pratica alguma religião, mas o que preciso lhe dizer é que ter fé que você pode sair da depressão é fundamental, e não se envergonhe de contar com apoio de todos os lados: profissional com psicólogos, emocional com pessoas capacitadas para prestar acolhimento, e espiritual também, porque,

TER FÉ QUE VOCÊ PODE SAIR DA DEPRESSÃO É FUNDAMENTAL, PEDIR SOCORRO PARA UMA FORÇA SUPERIOR À NOSSA PODE SER O MELHOR REMÉDIO.

gustavo tubarão

na hora que o bicho pega, com os sentimentos depressivos todos sufocando a gente, pedir socorro para uma força superior à nossa pode ser o melhor remédio.

Falo isso hoje porque já passei por muita coisa, e recorrer à minha fé em Deus sempre foi algo que não tem preço. Por exemplo, passei por uma situação muito chata quando, alguns anos atrás, fui ao Maranhão para o aniversário de uma influenciadora e postei um story com a seguinte legenda: "Cadê o Bumba meu boi?". Você não tem ideia, mas era um desejo meu conhecer o Bumba meu boi. Só que naquela ocasião, bem ao fundo da foto que tirei, saíram duas moças desconhecidas.

Dois dias depois, estou eu lá no aeroporto para voltar de São Luís para BH quando recebo uma ligação do meu empresário, que me solta a seguinte bomba: "Gustavo, você está em todas as páginas de fofoca, porque tem uma mulher te acusando de gordofobia e te cancelando nas redes sociais".

Cê acredita que uma das moças que tinha saído na foto tinha feito um vídeo de uns dez minutos chorando, dizendo que eu era gordofóbico? Ela me acusava de ter chamado ela de Bumba meu boi, que tinha desrespeitado até o folclore brasileiro! Fiquei sem acreditar que aquilo estava acontecendo...

Diante dessa situação, meu empresário pediu que eu postasse assim que possível uma nota explicando tudo, e comecei a chorar. Nunca, em momento algum, tive a intenção

O trem tá feio

de ofender ninguém. Fiquei mal até a hora de embarcar, pensando que tinha acabado com a minha carreira. Então orava: "Deus, e aí? Se o Senhor é o Deus da Justiça, não pode permitir que eu pague por um trem que eu não fiz".

Se tivesse de fato feito a piada, iria pedir desculpas. Mas não tinha sido essa minha intenção. Mandei uma mensagem pro meu amigo profeta explicando a situação, e ele me mandou um link do YouTube. Era uma música cristã chamada "Aquieta minha alma". Lá na seção dos comentários, acabei lendo um que dizia basicamente isto: "Se você está lendo este comentário agora, saiba que Deus não vai deixar você pagar por um crime que não cometeu". Parece que veio de paraquedas pra mim. Depois dessa, só me restava confiar em Deus.

Sei que não se passaram nem dois dias e meu empresário me ligou novamente, e dessa vez mais animado. Ele explicou que a imensa maioria da galera nas redes sociais estava a meu favor, pois tinha achado que a menina estava forçando muito a barra. Fiquei tão mal com isso que comecei a orar por ela, só queria que aquela situação acabasse. Passei uns três dias longe da internet, mas

Gustavo Tubarão

mesmo assim fiz uma nota e postei um vídeo explicando que tinha sido um mal-entendido, que não tinha a intenção de zoar da cara de ninguém. No meu conteúdo eu falo de depressão, não tenho interesse de ofender nenhuma minoria. Meu negócio é a roça, os bichos. Nunca fiz piada ofensiva.

Inclusive, já de carro, voltando do aeroporto, bati o olho no Waze, que estava rodando no celular, e li "Salmo 56". Ué? Aquilo me intrigou bastante. Olhei mais de perto e percebi que tinha lido errado. O que estava escrito na verdade era "Saída 56". Quando cheguei em casa, resolvi dar uma olhada no salmo. Pra quê? Caí no choro novamente, porque falava justamente que Deus não permitiria que um inocente pagasse por algo que não tinha cometido, porque Ele é um Deus de justiça.

Pra você ter noção do quão surreal foi essa experiência, vou deixar aqui o Salmo 56, que para mim foi a resposta vinda diretamente de Deus para mim:

SALMO 56

1. Tem misericórdia de mim, ó Deus, pois estou sendo atacado por inimigos que estão sempre me perseguindo

2. O dia inteiro eles me atacam, e são muitos os que lutam contra mim

3. Quando estou com medo, eu confio em ti, ó Deus Todo-Poderoso

4. Confio em Deus e o louvo pelo que ele tem prometido; confio nele e não terei medo de nada. O que podem me fazer simples seres humanos

5. O dia inteiro os meus inimigos me atrapalham nos meus negócios e só pensam em me prejudicar

6. Eles se reúnem em lugares escondidos, olham o que estou fazendo e ficam esperando uma oportunidade para me matar

7. Ó Deus, castiga-os por causa da sua maldade! Mostra a tua ira e derrota essa gente

8. Tu sabes como estou aflito, pois tens tomado nota de todas as minhas lágrimas. Será que elas não estão escritas no teu livro?

9. Quando eu pedir a tua ajuda, os meus inimigos fugirão. Uma coisa eu sei: Deus está comigo

10. Eu louvo a promessa de Deus, a promessa de Deus, o SENHOR

11. Confio nele e não terei medo de nada. O que podem me fazer simples seres humanos?

12. Ó Deus, eu te darei o que prometi, eu te darei a minha oferta de louvor

13. porque me salvaste da morte e não deixaste que eu fosse derrotado. Assim, ó Deus, eu ando na tua presença, eu ando na luz da vida.

Então é isso... Tem acontecido na minha vida uns trem assim envolvendo Deus. É meio bizarro, mas ao mesmo tempo, libertador.

Capítulo 5

Medo, medo, medo!

Voltando da roça pra cidade, dentro do carro, sem motivo me vem um medo. Estou tomado pelo medo. Não consigo sentir mais nada, nem cheiro, nem paladar, nada. É isso que sinto. Medo. Não consigo pensar em mais nada a não ser na morte, que não é da bezerra, mas na minha mesmo... Estou carregado de pensamentos negativos e suicidas.

Medo.

Sinto medo.

Sinto medo de morrer, sinto medo das pessoas, sinto medo de tudo, sinto medo de mim.

Não sou mais de carne e osso.

Sou só medo e vazio. Um vazio enorme, um vazio sem fim, um vazio absoluto, um vazio tão cheio.

O trem tá feio

Estou cheio do vazio, vazio que preenche toda a minha consciência. Meu coração aperta.

Chegou a culpa. Culpa de quê?

Dói. Meus ouvidos voltam a funcionar, escuto gemidos, são gemidos de dor e culpa. Não dor física, dor sentimental, dor que vem da alma. Se eu conseguisse descrever apenas 1% desse medo em palavras, eu gastaria todo o tempo do mundo.

Sinto saudade da crise de ansiedade quando estou com medo. Apesar de achar que estou morrendo no meio da crise, ela não dura mais de quinze minutos. Já o medo, o medo ele é absoluto, ele está aqui. A ansiedade é a projeção do futuro, o medo é o presente.

Existem tipos de medo. Mas o que é o medo? Eu fico me perguntando... Não podemos confundir o medo com o receio. Por exemplo, você está no seu quarto, daí escuta um ladrão tentando abrir a porta da sua casa. No momento você sente receio, fica apreensivo se ele vai entrar ou não. O medo é o ladrão que já está na sua frente, armado.

Essa é a diferença entre o medo e o receio. Muitas vezes eu confundia o receio com o medo, tanto que passei a desenvolver hipocondria na fase da depressão. Só para explicar melhor, hipocondria é pensar que a gente tem todas as doenças do mundo. Se, por exemplo, eu via meu amigo ter uma dor no braço, eu começava a ter aquela dor também. Minha mãe teve dor de siso, comecei a ter essa dor também, e nem siso eu tinha, vai entender! Kkkk. Mas meu maior receio

Gustavo Tubarão

era "tenho câncer, estou realmente doente"! Isso aconteceu por conta da ansiedade.

Entre os muitos sintomas da ansiedade, quando ela vem pra mim, acelera o meu coração e me causa sensação de formigamento no corpo e nas mãos. Eu não achava isso normal, então logo pensava que era alguma doença terminal. E de tão cismado com aquilo tudo, tomei coragem e decidi fazer um exame de sangue, um checape no corpo todo, só pra ver se tirava essas doenças da minha cabeça.

Aí meu amigo me disse um dia: "Só tem aids quem faz exame". Uma piada bem bosta, por sinal. Me lembrei dessa piada no momento em que estava tirando sangue e automaticamente na minha cabeça eu pensava, "Tenho aids, certeza". Motivo? Eu estava bem magro, mas estava magro por conta da ansiedade, que tirava toda a minha fome.

Em algumas pessoas, ansiedade dá fome, mas no meu caso eu perco a vontade de comer. Conclusão? Tirei o sangue morrendo de medo da agulha (apesar de ser cheio de tatuagem, eu me cago de medo de agulha) e fui conversar com a minha psicóloga: "Maria, tô com aids, certeza; também acho que tô com câncer, eu tô doente, alguma coisa eu tenho!".

O trem tá feio

A Maria, minha psicóloga, então disse: "Você está com receio, você não está com medo". E me deu aquela explicação do ladrão invadindo a casa, que fez muito sentido. Fui embora daquela sessão de terapia mais confortável. Fiquei apreensivo durante três dias, até saírem os resultados do exame, e adivinha o resultado? Mais saudável que um boi confinado. Coração, pulmão, tudo 100%. Me aliviei, com certeza, mas no fundo ainda estava receoso de que alguma doença eu pudesse ter.

Até hoje tenho um pouco dessa hipocondria, mas lido com ela de uma forma "saudável", assim podemos dizer. Quando a minha mente começa a me sabotar com uns pensamentos do tipo "você tá doente", ou "você vai morrer", sabe o que eu faço?

AHHH, MENTE, QUE SE FOD@, ENTÃO MORRE, DESGRAÇA! VAMO LÁ, ME MATA QUE EU QUERO VER! KKKKK.

Sim, eu converso comigo, e, fazendo isso, o receio e esses pensamentos intrusivos vão embora.

O QUE NÃO PODEMOS FICAR É REFÉNS DE UNS TREM QUE EXISTEM APENAS NA NOSSA MENTE E NOS DEIXAM PRESOS POR LÁ SE NÃO PRESTARMOS ATENÇÃO NA GENTE.

O trem tá feio

Você que está lendo tudo isso que estou contando aqui agora deve ter uma pá de medos, e isso é natural no ser humano, pois a gente tem instinto de proteção. Mas o que não podemos ficar é reféns de uns trem que existem apenas na nossa mente e nos deixam presos por lá se não prestarmos atenção na gente. Como já falei antes, tratar de ansiedade e depressão é um processo, e isso exige treino da nossa parte, assim como a academia. A musculatura só vai aparecer quanto mais você praticar o levantamento dos pesos; eles não vão brotar se você só pensar que vai ficar bombado.

Agora, se você acha que tem medo de não conseguir tratar da depressão, porque se considera um fracassado, deixa eu contar uma coisa: desde pequeno fui um fracassado, pelo menos é assim que me considero, ou considerava. Cagava de medo de qualquer responsabilidade. Por exemplo, nunca quis ser o líder da minha turma de amigos, por não ter a simples responsabilidade de andar na frente de todo mundo! Hahaha! Sim, toda roda de amigos tem um líder, que é o cara que anda na frente etc. Sempre tive medo também de arriscar. De tanto ouvir "NÃO! Você não vai conseguir, você não nasceu pra isso, tem pessoas melhores que você", já cresci me sentindo uma pessoa fraca ou autossuficiente, sei lá como fala. Insuficiente é a palavra!

Enfim, outro exemplo dentro desse assunto medo é que amo jogar bola, desde criança, e eu era até bom de bola. Lembro que eu jogava em dois times na minha cidade,

Gustavo Tubarão

Cana Verde. O time era dividido pelo ano de nascimento da molecada. Tinha o time de quem havia nascido em 1999, e o time de quem tinha nascido em 1998. Como nasci em 1999, jogava nesse time; isso foi em 2013, quando estava com 13 anos, e pela minha idade eu era mais "avançado" que meus colegas, por conta do meu tamanho. Eu era bem maior que os meninos da minha idade, então, como faltava jogador no time de 98, me colocaram pra ser substituto. Era final de campeonato, na cidade de Santana do Jacaré, próximo a Cana Verde.

A final teve empate, e a disputa era nos pênaltis. Eu, cagão demais da conta, falei pro treinador, deixa eu bater por último, porque não quero bater, tô com medo. Já tava 9x9 a disputa de pênaltis, ninguém tinha errado. Infelizmente sobraram só duas batidas pra cada lado, até o goleiro já tinha cobrado. Sobrou eu e um colega do time pra bater, e ele era horrível! Por isso o treinador não o deixou bater os primeiros pênaltis. E eu não bati porque disse que não queria, e estava com medo.

Então chegou a hora que poderia decidir o jogo. Se eu acertasse, nosso time seria campeão, e se errasse e outro time marcasse, a gente perderia. Peidei na farofa e não quis bater, e o meu colega ruim foi e bateu... Resultado? Ele errou e o outro time marcou, perdemos a final do campeonato.

Obviamente todo o time xingou esse meu colega, porque queríamos ser campeões. E a minha consciência ficou limpa

O trem tá feio

por não ter batido e errado? Também não. Daí comecei a me culpar também, "era pra ser eu, se fosse eu a gente poderia ter ganhado". Mas naquele momento também entendi que tudo bem, meu colega perdeu, foi xingado e voltamos de ônibus pra Cana Verde rindo e zoando. Todo mundo já tinha esquecido aquele erro.

Aprendi com essa experiência que às vezes, se a gente fugir das responsabilidades, pode ser pior, pois acaba prejudicando não só você, mas também quem está ao seu redor. Sempre fui cagão, e não fazia as coisas por medo de não conseguir. Até que, quando encontrei a única coisa que realmente quis fazer, deixei esse medo de lado e falei pra mim mesmo: "Vou fazer, muitos vão me zoar, vão criticar, vão dizer que não nasci pra isso. Mas fod@-se! Vou fazer e pronto!".

Então compartilho esse exemplo aqui pra você ver como são as coisas. Foi só começar a gravar vídeo pra internet que o medo deixou de falar mais alto na minha cabeça, porque, além de eu ter corrido, sim, o risco de não conseguir, fui duramente criticado, zoado e zombado por todos ao meu redor, inclusive pela própria família, amigos e, claro, a internet.

A vida é quase uma aposta, pois tudo é risco. Quando você sai de casa, há uma chance de não voltar mais, sim! Mas se for parar pra refletir isso, você nunca vai tirar o butão do sofá. Vai só vegetar. Não existe nada nessa vida em que você não tenha que se arriscar, e antes minha maior preocupação era com o que o povo ia pensar sobre isso. Mas

SE A GENTE
FUGIR DAS
RESPONSABILIDADES,
PODE SER PIOR,
POIS ACABA
PREJUDICANDO
NÃO SÓ VOCÊ,
MAS TAMBÉM QUEM
ESTÁ AO SEU REDOR.

O trem tá feio

basta só ligar o fod@-se mesmo, porque não nascemos pra agradar ninguém, não precisamos ter aprovação de ninguém pra viver a vida como queremos.

Parece radical dizer assim para ligar o fod@-se para tudo e fazer o que se acredita ser o certo, mas, quando descobrimos como enfrentar o medo, a gente supera um dos maiores deles, que é o medo de dizer não. Sempre que você fala sim para uma pessoa mas na realidade não queria dizer esse sim, você está falando não pra você. Eu custei a aprender isso, porque sempre, desde criança, tentei agradar todos ao meu redor. Até acabava me prejudicando pra ajudar outras pessoas, pelo simples fato de dizer sim e não saber negar as coisas.

Dizer "não" é libertador. Lembro-me da primeira vez que falei "não". Meus amigos me chamaram pra ir a uma festa, e eu não queria ir. Queria ficar em casa vendo filme – isso era num final de semana. E vim de um meio em que a bebida alcoólica é cultural. Então tudo é motivo para beber. Aniversário? Vamos beber pra comemorar! Jogo do Galo? Vamos beber pra assistir! Galo ganhou? Vamos beber pra comemorar! Galo perdeu? Vamos beber pra esquecer! Tudo é motivo de bebida, e hoje vivo uma fase em que sei o meu limite, mas a bebida era uma corda no meu pescoço. Por ter nascido numa cidade minúscula, onde não tem nada pra fazer, vamos beber, então. Acontece que a ressaca me destruía de corpo e alma, e foi assim até meus 21 anos de idade

Gustavo Tubarão

(comecei a beber com 14 anos, e, sim, onde eu moro isso é normal, por incrível que pareça).

    Depois de sete anos de ressaca, fui descobrir que ela era um gatilho que fodia todo o meu psicológico. A ressaca me desestabiliza de uma forma muito rápida e fácil. Não sei lidar com essa maldita, e por ser uma pessoa extremamente intensa, por conta do meu quadro de borderline, que são essas mudanças bruscas de humor, a ressaca pra mim é literalmente o fim do mundo. Além do mal-estar (que todo mundo sente!), fico perdido no meio dos meus turbilhões de pensamentos, sem falar que é só pensamento merda. Meu Deus, enrolei demais pra falar sobre a primeira vez que falei "não", kkkk...

O trem tá feio

Enfim, voltando, meus amigos me chamaram pra quê? Pra beber, e na minha cabeça eu tinha a obrigação de ir, mas simplesmente naquele dia eu disse "não"! E qual foi a reação dos meus amigos? "Ah, beleza, se der, mais tarde cê passa lá." Falei "Ok". E foi tão libertador, tirou um peso tão grande, que pensei comigo,

MEU DEUS, QUE COISA MAIS BOA É DIZER "NÃO"!

Nem sempre vai ser assim, acontece muito de eu dizer "não" pra certas coisas e a pessoa faz um drama gigantesco diante da situação, tentando de forma subconsciente controlar você para fazer a vontade dela. Mas a resposta continua sendo "não", porque não tem nada mais libertador.

Enfrenta que dói menos

Acabei de escrever um capítulo sobre medo, mas não tem jeito, toda vez que começo um novo capítulo neste trem, ele volta a bater de um jeito irracional, porque a gente até sai do medo, mas o medo não sai da gente.

Quando a gente para e pensa sobre esse assunto, vemos que a vida inteira temos convivido com ele, então, quando temos uma condição assim que não muda, nos tornamos meio que especialistas em lidar com ela, encontrando maneiras de enfrentar as reações que provocam na gente. Descobri isso na psicoterapia, que é o mesmo que falar com a psicóloga, e uma forma de encarar meus medos diariamente foi tatuando no meu braço direito só coisas de terror, tipo o Jason. Gosto bastante de filmes de terror, mas uns terror antigão, sabe? Eles nem me dão medo, gosto da pegada *trash* engraçada.

O trem tá feio

Foi num momento de depressão que cheguei à seguinte conclusão: se o medo já tá aqui, vou fazer o melhor para enfrentar. Não que virei amigo dos meus medos, mas aprendi a conviver com eles, por isso os tatuei. Porque acho que eles nunca vão chegar a ir embora de fato. Mas o legal é que não paralisei diante dos meus medos, senão não teria entrado para o mundo da internet para ser influenciador e criador de conteúdo.

Quando se fala em depressão, tudo é uma questão de não se entregar. Por exemplo, você está sentindo medo agora, porque ele está aí o tempo todo, e em algum momento ele vai vir pra fora, mas você precisa conviver com ele, e também tem de enfrentar esse sentimento, porque no fundo ele vem sempre do irracional. Esse é o medo que está só na nossa cabeça.

Meus medos mesmo vêm do nada. Eu não saberia dizer exatamente se existe algum gatilho. Quando acho que estou sob tensão, como no dia em que estava tirando fotos pra minha marca de camisetas, começo a ficar ansioso sem motivo. Acho que é o receio de não ficar do jeito que eu queria. Entrei nesse estado por cinco minutos, e parecia que eu não ia conseguir sair dele.

Hoje em dia, me conheço muito mais. Se não me conhecesse, iria continuar a usar drogas, por exemplo, porque traz uma sensação de êxtase na hora. Só que o pós--droga é muito ruim, é muita depressão, e é por isso que tenho tanto medo. Até mesmo o álcool, a ressaca, é uma coisa que desestabiliza.

Cheguei a misturar muitas coisas, tudo o que você possa imaginar. Naquele dia em que passei mal de tão chapado, havia tomado umas sete "balas" (ecstasy), e olha que dá pra ficar extremamente drogado já com meia bala! Claro, não foi tudo de uma vez, foi durante umas quinze horas de festa. Tomei também dois "doces" (LSD) – se você tomar um quarto já alucina, imagina dois inteiros. Fora isso, bebi muito álcool e fumei maconha até umas horas.

Lembro que eu fumava maconha e parecia que iria conseguir controlar minha mente, a coisa mais absurda do mundo, que dá pavor só de lembrar. Isso tudo aos 16 anos. Só não fui parar no hospital porque meu amigo não deixou, mas eu queria. Ele era só um pouco mais velho que eu, tinha 18 anos, e eu estava na casa dele. Foi a última vez que usei, mas tem muita história que nem lembro mais. Fumei maconha a primeira vez quando tinha de 12 pra 13 anos. Ninguém acredita quando conto isso. Bala experimentei com 14 anos. Pó, com 15.

O trem tá feio

Não sei exatamente por que entrei nisso. Só entrei. Na verdade, eu sentia. Sempre tive borderline, mas só fui descobrir que tinha esse nome depois de "velho". Acho que isso explica um pouco o porquê de ter acabado me envolvendo com drogas. Você fica cada hora de um jeito, cabeça fraca, acaba indo nas ideias dos outros. Eu queria fazer parte de alguma coisa, queria ser aceito e me sentir o fodão.

Sempre me senti muito sozinho, muito. Até por isso queria ser o cara do grupo que mais usava drogas. Para mim, era um título que mereceria uma medalha, entendeu? Hoje olho pra isso e acho a coisa mais ridícula do mundo. Mas se você me perguntar se me arrependo, vou responder que não. Porque se eu não tivesse usado naquela época, garanto que estaria usando agora, ainda mais com a fama. E poderia ser até pior. Mesmo assim, não considero que eu era um viciado. Mas confesso que me sentia numa coleira, parecia que não conseguia sair. Até pra ir a um churrasco eu tomava uma bala. Imagina, ter que tomar uma bala pra ir a um churrasco! Foi um passado bem obscuro, do qual não me orgulho nem um pouco.

Ninguém me incentivava a estar naquela vida, mas era alguma coisa relacionada ao grupo. Tanto que, mesmo depois de passada essa fase, ainda tenho as mesmas amizades, que são uns dos meus melhores amigos de fato. Hoje eles cheiram muito raramente, mas quando vejo, xingo. Virei o caretão. Se me oferecem, recuso.

Gustavo Tubarão

O meu amigo, o que tomou a mesma quantidade de drogas que eu naquele dia, ri bastante comigo quando lembramos aquela situação. E concordamos que foi o pior dia das nossas vidas, sem dúvida.

Os piores dias da vida são também aqueles em que nos sentimos paralisados diante de alguma situação. Mesmo aprendendo a conviver com o medo, tem horas que ele trava muito a gente, especialmente para tomar decisões ou dar algum passo diferente na vida. Dia desses, conversei sobre isso com meu psiquiatra (sim, além da Maria, a minha psicóloga, passo em consulta com o psiquiatra), e cheguei à conclusão de que, se eu não tivesse o borderline, nem estaria onde estou hoje, porque sou muito intenso com tudo. É claro que há vários níveis de borderline, e graças a Deus não sou daqueles que surtam em local público e começam a quebrar tudo! Às vezes dá vontade de fazer isso, mas me controlo até que bem.

Há diferentes estados depressivos, e o meu, por exemplo, dura cerca de três dias. Há quem diga que, para ser considerado depressão, esse estado de tristeza precisa durar ao menos uma semana, mas sei que é, porque já passei por isso uma porrada de vezes. Não é só tristeza, porque fico no fundo do poço mesmo por pelo menos três dias. Mas o lado bom é que esse estado não se arrasta por mais tempo do que isso.

MESMO APRENDENDO A CONVIVER COM O MEDO, TEM HORAS QUE ELE TRAVA MUITO A GENTE, ESPECIALMENTE PARA TOMAR DECISÕES OU DAR ALGUM PASSO DIFERENTE NA VIDA.

gustavo tubarão

Gustavo Tubarão

Então, o que digo por experiência própria é que vale a pena aproveitar ao máximo nossa criatividade quando estamos nos sentindo bem, porque é nessas horas de mais tranquilidade que damos o nosso melhor, nos esforçando para fazer algo realmente produtivo. E sabe o que é isso? É a sua capacidade de enfrentar uma condição que não tem o poder de ditar como vai ser a sua vida se você não permitir que isso aconteça.

No momento em que decide aceitar ajuda médica e psicológica, você está enfrentando a depressão. Na hora em que está se libertando de algum medo, porque aprendeu que ele não o controla, você está enfrentando a ansiedade. Quando reconhece que a sua criatividade é maior do que a tristeza que pode insistir em vir todos os dias, você enfrenta as suas próprias crenças e se cura.

VALE A PENA
APROVEITAR AO
MÁXIMO NOSSA
CRIATIVIDADE
QUANDO ESTAMOS
NOS SENTINDO
BEM, PORQUE
É NESSAS
HORAS DE MAIS
TRANQUILIDADE
QUE DAMOS O
NOSSO MELHOR.

gustavo tubarão

Gustavo Tubarão

Uma vez me perguntaram se eu tinha algum rival na internet, e respondi que não, pois o meu maior rival era eu mesmo, e isso era uma baita crença que sugava minha energia e criatividade. Afinal de contas, a pior coisa que tem é a gente nunca se dar por satisfeito com aquilo que faz, porque a régua sempre vai estar lá em cima, nas alturas, e junto com ela vem uma cobrança absurda pra gente se superar em tudo que faz. É uma eterna competição com a gente mesmo, um jogo de tênis solitário do Eu contra Eu no qual não há ganhador.

Apesar de ter pensado assim por um bom tempo, à medida que fui me conhecendo percebi como, na realidade, sempre enfrentei os meus transtornos mentais. Prova disso é que, diferentemente de muita gente da mídia que se esconde por trás da imagem criada para a internet, acabei mostrando para o público quem eu sou de verdade. E para ser sincero, bem sincero, não conheço outro influenciador que seja assim como eu nas redes sociais, que encara ao vivo as condições psiquiátricas e expõe para todo mundo saber como é a vida de alguém que luta muitas vezes consigo mesmo para se agarrar à sanidade. Um exemplo disso foi quando, depois que passei por um tratamento de cinco meses com um novo psiquiatra e descobri o meu borderline, resolvi gravar vídeos sobre o tema nas minhas redes sociais, pois queria de alguma maneira ajudar o maior número de pessoas a se conscientizar sobre isso e a buscar tratamento.

O trem tá feio

Ele me fazia umas perguntas, eu respondia, e também sempre observava meu comportamento. Olhava minhas tatuagens, perguntava a história delas, no que eu gastava a minha grana, o que eu comprava, o que eu sentia, o que eu não sentia. E me indicou um livro chamado *Mentes que amam demais*[1], que fala sobre pessoas que têm borderline. Comecei a ler o livro, mas parei na metade, porque não aguentava mais, de tanto que eu chorava. "Putaqueopariu, eu me identifico com todas essas coisas", eu pensava. Tinha todos os sintomas descritos ali, e até parei de ler, porque me fazia mal.

Tem uns casos de borderline que são muito complicados. A pessoa fica extremamente dependente nos relacionamentos, e eu me reconheço dessa maneira também. Sou emocionalmente dependente dos meus relacionamentos, mas trabalho isso com a minha psicóloga, pois não quero chegar ao ponto de sentir que a minha vida acabou se um dia os relacionamentos que tenho hoje terminarem por alguma razão. Lembro-me de como fiquei quando tinha 14 anos e meu namoro acabou. Foi simplesmente horrível. Há pessoas que sofrem de borderline que chegam ao ponto de matar o companheiro e depois se matar. Nunca matei ninguém, pelo amor de Deus! Mas a pessoa sem tratamento pode chegar a esse ponto.

---

1. SILVA, Ana Beatriz Barbosa. *Mentes que amam demais*. 2. ed. São Paulo: Principium, 2018. 240 p.

Você não precisa passar por isso sozinho

Não sabia que era compulsivo até o psiquiatra me mostrar. O primeiro indício eram as tatuagens – já cheguei a contar aqui que sou viciado nelas. Disse a ele que algumas tinham significado, outras, não. Daí quando contei que não fazia apenas uma, mas gostava de fazer umas cinco de uma vez, o diagnóstico era mesmo de compulsão, que se reflete também, por exemplo, nas coisas que eu compro.

Se você chegar na minha casa em BH, vai ficar besta com as coisas que eu simplesmente entrei na internet e comprei. Não que eu ame exatamente o produto em si, mas o prazer mesmo está na sensação de abrir a caixa. Nossa, como eu amo isso! A sensação de prazer é tanta que comecei a me presentear. Tempos atrás, por exemplo, comprei uma BMW.

O trem tá feio

Fiquei com ela dois dias e já enjoei, já não queria mais. Puro impulso. Daí bate a *bad*.

Apesar das minhas compulsões, nem tudo está perdido, pois, como o psiquiatra me explicou, pelo menos eu usava minha doença para uma coisa produtiva, que é a internet. Ele tratava várias pessoas com borderline, e chegou à conclusão de que não existe remédio para isso, porque são simplesmente estados emocionais. Tem dias que eu fico ansioso, tem dias que fico depressivo. Então, hoje ele me passa um ansiolítico e um antidepressivo. E deixou claro que tudo isso me ajudaria somente uns 20%.

Transtornos psiquiátricos na maioria das vezes causam um combate da pessoa contra ela mesma. Por isso a recomendação é sempre fazer o acompanhamento psicológico (e se você reparar bem, estou falando sobre isso neste livro inteirinho, então, já é mais que uma recomendação, é um apelo mesmo!). No início, eu ia às sessões de terapia todos os dias, então fui reduzindo aos poucos: quatro vezes na semana, três vezes, duas, uma vez a cada quinze dias... Evoluí bastante conhecendo a minha cabeça. Hoje eu só converso com a psicóloga quando sinto que preciso – por exemplo, agora, enquanto escrevo o meu primeiro livro, e me senti num estado em que não aguentava mais de ansiedade.

Recorrer à terapia não é motivo de se sentir incapaz ou inferior a ninguém. Ela simplesmente é um suporte, assim como um dentista está para os nossos dentes, que volta e meia

TRANSTORNOS PSIQUIÁTRICOS NA MAIORIA DAS VEZES CAUSAM UM COMBATE DA PESSOA CONTRA ELA MESMA. POR ISSO A RECOMENDAÇÃO É SEMPRE FAZER O ACOMPANHAMENTO PSICOLÓGICO.

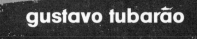

O trem tá feio

precisam de uma limpeza, porque senão serão comidos pelo tártaro. Então assim vou seguindo, recorrendo muito mais à psicóloga do que ao dentista. E se meus impasses comigo mesmo duram mais de dois dias, já sei que fodeu, então lá vou eu para a terapia, e está tudo certo. Sabe que, de tanto que já a vi falando, até sei como ela vai trabalhar comigo, e já a imagino falando comigo, simulando o que ela diria.

Imagina só se não entrei em desespero quando o psiquiatra me deu o laudo concluindo que eu tinha transtorno borderline? Assim, só para constar, qualquer nova informação na mente de um ansioso pode representar um perigo letal, daí você calcula quando é algo ruim, ou pelo menos aparentemente negativo. Apesar do choque, o desespero só não foi maior porque eu sabia que poderia contar com a Maria, que foi a primeira pessoa que procurei para conversar e me acalmar.

De novo vou repetir isto, e você pode me achar chato pra caralho, mas fod@-se, vou repetir do mesmo jeito: aceitar ajuda médica e psicológica para o tratamento da depressão, ansiedade ou qualquer outro transtorno mental é obrigatório. E não dê ouvidos para aquela pessoa que vai chamar isso de luxo, porque na verdade é um tratamento que salva vidas.

Foi conversando com a minha psicóloga que descobri que já tinha isso do borderline desde criança; a única diferença era que agora eu sabia o nome. Tendo conhecimento,

É IMPORTANTE SABERMOS QUE NÃO PRECISAMOS PASSAR PELAS COISAS SOZINHOS.

gustavo tubarão

O trem tá feio

a gente se torna consciente de que o que sentimos são apenas estados emocionais, e eles passam. Por isso, nada de entrar em desespero!

Não passar sozinho no processo de tratar uma depressão significa aprender com um guia como lidar com a gente mesmo quando estamos deprimidos. À medida que vamos evoluindo na terapia, vamos aprendendo a refrear nossos impulsos, e até mesmo a dar nome a sentimentos terríveis que antes não tínhamos ideia de como expressar. E é assim mesmo, primeiro a gente se assusta, não quer aceitar, mas depois que a gente aceita, fica menos difícil de resolver alguma situação, por mais complexa que seja.

Por exemplo, a experiência de escrever este livro está sendo assim. Tem vez em que passo dias sentindo algo que não consigo descrever. Teve muito momento em que bateu o pânico, vontade de desistir, mil incertezas na cabeça. Mas ao mesmo tempo sentia que precisava compartilhar de alguma maneira o que é esse sentimento todo que carrego comigo desde sempre, na esperança de ajudar você ou quem quer que seja que esteja sofrendo de ansiedade e depressão.

Crise de depressão e ansiedade é crise, e pode dar em qualquer hora e lugar em que a gente estiver (daí mais um motivo para não ficar sem acompanhamento psicológico).

Gustavo Tubarão

Eu mesmo já tive crise de ansiedade na academia, no mercado, no aeroporto, e não faz muito tempo tive uma enquanto dirigia; já aconteceu isso com você? Eu sei, é desesperador. Continuando, eu estava voltando de BH para Cana Verde, e voltava inclusive no carro novo que tinha comprado recentemente, uma BMW i8. Antes eu tinha uma Pampa, um carro véio, e lembro que, quando comprei o meu primeiro carro, uma Ranger, me emocionei. Fiquei muito feliz, porque nunca tinha imaginado comprar um carro aos 20 anos de idade. Então, uns cinco meses depois, troquei a Ranger por uma Dodge Ram, mas aí simplesmente fiquei triste. E pouco depois comprei mais esse carro, a BMW, e fiquei meio triste também.

Quando a gente vive ansioso, está sempre duvidando de alguma coisa, seja da nossa capacidade, da superação de alguma fossa pela qual a gente está passando, ou mesmo se merecemos as coisas que temos. E junto dessa incerteza toda vem a culpa, muitas vezes gigantesca, que chega a pesar a consciência. Lembro que, quando

O trem tá feio

comprei meu apartamento, fiquei uma semana jogado dentro do quarto sem querer sair, de tão triste. Eu ficava pensando: "Pô, será que eu mereço mesmo?". Essa dúvida me assombrava como se eu não fosse merecedor das coisas boas que me acontecem.

O sentimento de culpa e autorrejeição, que é quando a gente não aceita algo na gente mesmo, pode voltar várias vezes quando estamos lidando com ansiedade e depressão. Quando, por exemplo, comprei um carro de luxo, um Mustang, caí de novo numa tristeza profunda, e a cobrança de por que eu tinha feito aquilo e a culpa vieram com tudo. Mas daí o que eu fiz? Mais uma vez voltei a conversar com a psicóloga sobre isso, para buscar entender de onde estavam vindo esses sentimentos e assim voltar a respirar mais tranquilo, sem achar que tudo que eu faço é errado.

Não há mal nenhum em a gente ter a valorização do nosso trabalho e comprar o que tem vontade quando se pode fazer isso; tá tudo certo. Hoje tenho uma consciência sobre isso, porque antes eu não tinha nada! Quando venho pra minha cidade dirigindo um carro de luxo, por exemplo, ainda não me sinto tão à vontade. Alguma coisa lá no fundo fica me culpando, porque todo mundo aqui é humilde, e eu vim daqui, sou igual a todo mundo. Por que eu tenho e esse povo não tem? Fico muito com isso na cabeça, sabe? Mas quando a gente batalha pra conquistar, tem que saber usufruir do trabalho, e dos prazeres longe do trabalho também. Tenho cer-

QUANDO A GENTE BATALHA PRA CONQUISTAR, TEM QUE SABER USUFRUIR DO TRABALHO, E DOS PRAZERES LONGE DO TRABALHO TAMBÉM.

O trem tá feio

teza de que isso faz bem, e é uma coisa sobre a qual estou me policiando mais; agora procuro me priorizar mais.

Algumas crises eu consigo controlar, e é muito doido. Quando estou na academia, por exemplo, que é uma das coisas que mais gosto de fazer e me ajuda a ficar numa boa, e percebo que ela é controlável, continuo treinando, e quando termino os exercícios, dá uma sensação de tanto alívio e paz que até passa a crise. Agora, tem vezes em que eu fico com muita dificuldade de respirar, e quando isso acontece parece que a minha pressão sobe, meu coração fica "Tum! Tum! Tum!". Então, sinto que, se eu fizer exercício físico, vou morrer de parada cardíaca, uma coisa assim.

Daí o que eu faço é me isolar, e saio de perto de todo mundo. Às vezes, preciso conversar com alguém. Coloco na cabeça que está tudo bem, que vai passar, apesar de parecer impossível. Nisso, se vão vinte minutos, meia hora, então a crise passa.

Posso estar no lugar que for, que às vezes ela vem do nada, como foi dia desses na academia. Se eu tivesse com um Rivotril seria bom, mas eu estava sem. E custei a me controlar, estava embaralhando as palavras... Fui direto jantar na casa da vó, e ainda botei na cabeça que ia passar, que eu não ia precisar do remédio. Deitei no sofá, pus o ventilador na cara, me acalmei, e a crise passou. Cada vez mais procuro me controlar assim, e essa foi uma habilidade que fui aprendendo na terapia.

Por falar em terapia, também existe a terapia medicamentosa. Muita gente tem medo de buscar ajuda com psiquiatra por causa do preconceito com o remédio. E não é que você precise necessariamente tomar remédio pra sempre, pois, quando a pessoa vai se conhecendo e sabendo lidar com seu estado emocional, pode chegar uma hora em que ela não vai mais precisar do remédio, e isso nos fortalece no processo de cura dos sintomas da depressão.

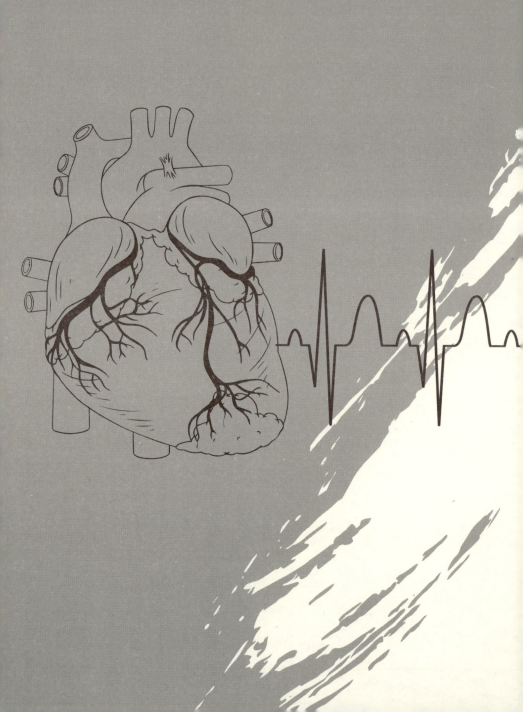

Montando seu kit anticrise

A primeira coisa que quero lembrar a você neste capítulo vai servir meio que como um manual pra você combater a ansiedade: é que você não vai morrer quando passar por isso. É impossível, na realidade. Ninguém no mundo morreu com um ataque de pânico, por incrível que pareça.

Custei a acreditar nessa informação também, porque perdi as contas de quantas vezes achei que ia morrer toda vez que meu coração acelerava. É tanto batimento por minuto, tanta energia que você gasta, mil pensamentos e sensações de uma vez só. Mas é por isso mesmo que é impossível uma pessoa sofrer de ataque de pânico por mais de vinte minutos. O cérebro não aguenta. O pânico é basicamente isto: o corpo reage como se você estivesse fugindo de alguma coisa. Por exemplo, tem um pinscher na sua frente, um pinscher zero, o que você vai fazer? Vai sair correndo, eu saio correndo de medo. Pânico

O trem tá feio

é basicamente isso, é como se você estivesse fugindo de alguma coisa. Só que está tudo na sua cabeça.

Segunda coisa: lembre-se de respirar. Sabe aquela respiração que você puxa o ar contando até cinco, daí espera três segundos, solta contando até quatro? É essa daí que você tem que fazer para não só mandar oxigênio para o seu cérebro voltar direito, como também ficar mais relaxado na hora. Se você para de respirar, aí, sim, você morre, então preste atenção em como você está respirando no dia a dia, porque isso é fundamental para a nossa vida, especialmente para interromper os sintomas da crise.

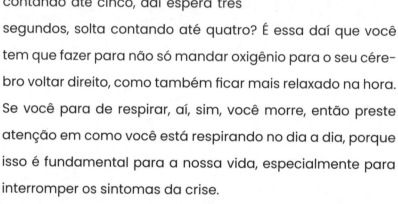

O terceiro passo que também funciona é molhar o rosto com água fria e pensar em coisas positivas. Sei que é extremamente difícil e quase impossível pensar alguma coisa positiva quando o que se passa pela cabeça é só pensamento bosta, no mínimo morte, mas você precisa tentar do mesmo jeito. Se você não conseguir pensar positivo, o que acontece na maioria das vezes, ninguém vai morrer por causa disso. É horrível, mas não vai morrer.

Durante as crises, também sempre tento ir para lugares frescos, se possível passar frio, por isso recorro à água gelada no rosto. Geralmente, me dá um calor absurdo, fora

Gustavo Tubarão

do comum. Então, na minha cabeça, quando passo frio é sinal de que a crise está melhorando. Tento não pensar em nada, então leio o meu estado, observo os detalhes, e aí a mente vai voltando pro lugar. É muito difícil, porque a gente fica muito acelerado. Quando tô assim, fico olhando pro meu pulso pra ver se eu ainda tô vivo. É uma mania mesmo.

Quarta dica: observe o que está na sua frente. Por quê? Porque o negócio é você focar o aqui e agora. Na ansiedade, você está lá na frente. Por exemplo, você já viu aquele filme do E.T.? Eu fico desse jeitinho, travado no quarto com o olho arregalado, pegando um copo, olhando o que está dentro, sinto o cheiro dele. Ajuda? Ajuda. Parece doido? Parece, mas ajuda. Minha mãe uma vez me pegou no quarto desse jeitinho e pensou que eu estava drogado, mas funciona.

Quinta coisa: vá para a frente do espelho e faça uma pose de fisiculturista. Essa eu aprendi na terapia, e funciona ainda melhor se você tirar a roupa, ficar de frente para o espelho, porque subconscientemente seu organismo vai entender que você é forte. Sabe quando um bicho ativa o modo de defesa e fica um trem assim na posição de ataque? É basicamente isso. Nós somos bichos também, não é muito diferente, não. Então faça isso em frente ao espelho, faça uma posição com o corpo que faça o seu cérebro entender de maneira subconsciente que você é forte e vai ajudá-lo.

O sexto ponto é colocar um fone de ouvido, escutar um barulho de natureza. Gente, isso é uma beleza. Você fica

O trem tá feio

em posição fetal, deitadinho, ouvindo o som de natureza e pensando positivo. Nos meus destaques de síndrome do pânico, no Instagram, tem umas meditações que faço antes de dormir e depois que acordo. Eu fazia também as meditações guiadas da Louise Hay, por indicação da minha psicóloga. Geralmente, meditava quando estava num ataque de pânico fodido, e na hora que passava era uma delícia.

Por último e não menos importante: não ligue para o seu ex, porque essa emoção vai passar, e vinte minutos depois você vai se arrepender.

Tudo isso que estou compartilhando aqui é extremamente sério, porém, não significa que você não precise de um cuidado especial; eu até hoje faço tratamento com psicólogo e psiquiatra, mesmo estando bão também.

Então, tire um tempo para você, vá descansar, pare de ficar se cobrando e monte também seu próprio kit anticrise, descobrindo o que melhor funciona para você na hora que o trem tá feio. Você não nasceu para ser pior que ninguém. Fique longe de pessoas tóxicas, porque tem gente que suga energia da gente. Não se iluda, de jeito nenhum, com luxúria de vida de internet, pelo amor de Deus, porque vida perfeita não existe (só a do Ronaldinho Gaúcho. Brincadeira!). E por mais que seja muito clichê: não deixe jamais, em hipótese alguma, alguém apontar o dedo na sua cara e falar que você não pode...

NÃO DEIXE
JAMAIS, EM
HIPÓTESE ALGUMA,
ALGUÉM APONTAR
O DEDO NA SUA
CARA E FALAR QUE
VOCÊ NÃO PODE.

gustavo tubarão

Use a depressão a seu favor

Se tem uma coisa que aprendi com toda a experiência que tive com a depressão é que ao mesmo tempo que ela pode destruir a nossa vida, se soubermos como lidar com ela e superar seus sintomas, pode nos tornar também praticamente indestrutíveis, porque passamos a entender como usá-la a nosso favor. Como isso é possível? Descobrindo quem é a gente mesmo para termos condições de combater as crises de ansiedade, ataques de pânico, e assim por diante.

Para quem vive com transtornos mentais, exercer uma profissão pode ser desafiador, ainda mais quando ela exige criatividade, porque a gente sempre vai se cobrar muito mais do que qualquer outra pessoa. A gente acaba sentindo tudo de maneira muito intensa na vida. Chegou um momento em que quase entrei em depressão de novo por me

AO MESMO TEMPO QUE A DEPRESSÃO PODE DESTRUIR NOSSA VIDA, PODE NOS TORNAR INDESTRUTÍVEIS SE SOUBERMOS LIDAR COM ELA E USÁ-LA A NOSSO FAVOR.

gustavo tubarão

Gustavo Tubarão

cobrar demais, e não saía nada. Eu estava cansando, cheguei a ter uma estafa mental que durou uma semana. A cabeça doía, parecia que ia explodir. Só quem já teve isso sabe como é. Você não consegue pensar em absolutamente nada, nem ter um pensamento que preste.

Nisso, minha irmã falou que não adiantava ficar forçando, que só ia atrapalhar. Falou pra eu ir descansar, me divertir. Porque às vezes a criatividade vem quando a gente está distraído, e dito e feito! Eu não fico mais neurótico. Tem dia que percebo que estou procrastinando e, em vez de ficar lutando, penso: "Quer saber? Eu vou curtir!", e fico de conversa fiada com os meus amigos. Daí vai me dando inspiração, vou me lembrando de coisas.

Quando estou com os amigos, esqueço a internet. Do nada, alguém fala de alguma coisa que aconteceu muitos anos atrás e me vem: "Putaqueopariu! Eu posso fazer um vídeo disso!". Então, a minha convivência, os lugares aonde eu vou, tudo serve de inspiração.

A criatividade é uma benção, mas cheguei ao ponto de virar escravo da internet. Entrei numa ligeira depressão uns tempos atrás que durou cerca de dois meses, e conversei muito com a minha psicóloga, porque nada me deixava feliz, só visualizações altas e likes. Isso estava me deixando doente, não tinha vontade de fazer nada. Por exemplo, eu amava praia, e hoje odeio; não gosto de água salgada, não

O trem tá feio

gosto de areia. A única coisa que eu gostava de fazer era jogar futebol, mas jogava muito raramente.

Hoje estou com a cabeça mais no lugar, tanto que comprei dois videogames, tenho um em cada casa. Tô curtindo jogar, ando focadíssimo na academia, e isso me tira completamente do meu trabalho, me dá uma sensação de prazer misturado com felicidade. Apesar de eu estar lá morrendo de pegar peso, na minha cabeça aquilo funciona como um descanso.

Conviver com algum tipo de transtorno não deve limitar a gente de fazer as coisas. Agora, por exemplo, estou vendo se compro a moto de trilha do meu primo. Não gosto de moto, mas quero comprar pra ver se passo a gostar de uma coisa nova, fazer um trem diferente. Essa busca por algo novo está me fazendo muito bem no lado criativo. Antes eu achava que pra funcionar eu tinha que sofrer, ficar sentado e escrever e editar. Se não fizesse assim, a coisa não iria pra frente. Hoje eu já tenho outro pensamento, entendendo que eu mereço um descanso e que também posso curtir.

No começo, eu me privava de curtir, de beber, de sair com os amigos por causa do trabalho. Hoje parece que, quanto mais eu saio pra me divertir, mais isso libera meu lado criativo. Dá pra ser feliz e produzir ao mesmo tempo. Mas também não vou mentir: quando os números de seguidores caem, fico triste. Mas menos triste do que no começo. E falo pra mim mesmo: "Rede social é uma roda-gigante, cada hora

Gustavo Tubarão

tá de um jeito". Agora tá muito bom, as visualizações estão muito boas, mas sei que vão cair, e depois vão subir de novo.

Lidar com a ansiedade e a depressão a ponto de usar o que ela tem de ruim, que é tudo, para buscar motivos bons para fazer a gente sair da merda é uma boa maneira também de combater a procrastinação. Atualmente, estou num processo de aprender a levantar mais cedo. Sei que, se eu fizer isso, meu dia vai render mais e será mais produtivo. Isso está fixado na minha cabeça, porém, ainda não consigo fazer todos os dias, então preciso continuar evoluindo nesse ponto. Por outro lado, fico atento à minha produtividade, porque sempre que bato uma meta de vídeos já fico pensando no que vou postar no próximo pra ter o mesmo engajamento. Aliás, andei trabalhando tanto ultimamente que já cheguei a passar dois dias sem tomar banho, cê acredita? (Que a minha namorada não leia esta parte aqui.)

Então busco direto coisas novas, inovar, e, principalmente, busco identificação. É isso que dá certo na internet.

Quando a procrastinação bate forte, eu a deixo bater. Se não tiver nada muito importante pra fazer, eu me rendo a ela, largo a câmera e pego o controle do videogame. No dia seguinte, tento acordar mais cedo, tomo um café e vou à luta. Entendi que, se brigo muito com a procrastinação, me frustro. Se insisto nessa luta, acabo perdendo, daí me culpo e ponho na cabeça que sou um merda e que não sei fazer

O trem tá feio

nada. Então eu a aceito. Claro, não dá pra fazer isso sempre, senão você procrastina pro resto da vida!

Na minha cabeça, por trás da procrastinação também existe um cansaço, seja físico, seja mental. Quando ela vem muito forte, eu toco o fod@-se. Só não deixo nunca de ir à academia, até porque sinto que minha procrastinação diminui muito quando estou treinando. Sinto que a academia eleva meus níveis de serotonina e dopamina, que são aqueles hormônios do bem-estar e esses trem assim que mencionei no início do livro. E, além disso, é legal ver o resultado no corpo depois de atingir uma meta, acho isso muito bom. Até contratei um personal trainer pra me ajudar a não perder o foco. Ele é fisiculturista, amigo meu de infância. Isso faz toda a diferença. Teve um dia que ele me fez acordar às sete da manhã pra malhar perna. Minha vontade era matar ele! Uma coisa que eu não fazia havia tempos era acordar cedo e malhar perna – meu físico é igual um cone de cabeça pra baixo, grande em cima e pequeno em baixo (as perna é pequena, viu... kkkkkk). Agora não me vejo mais sem o exercício.

Gustavo Tubarão

"EU ODEIO ROTINA"

Desde criança eu nunca gostei de rotina – eu odiava, na verdade. Sempre via meu pai acordando de madrugada pra já começar a trabalhar, e eu via aquilo e odiava. "Ué, como você via se estava dormindo?" Eu acordava com as ânsias de vômito dele escovando os dentes; ele tem refluxo, sempre quase vomita quando vai escovar dentes, e tenho a mesma coisa. Enfim, sempre via todo mundo ao meu redor e pensava, "nossa que vida bosta! Todo dia a mesma coisa, mesma rotina". E querendo ou não, eu tinha a rotina de ir pra escola, eu só não conseguia estudar (não é de vagabundagem, meu déficit de atenção não permitia), mas pra minha família eu era vagabundo, porque tinha notas ruins. Cabeça dura de gente de interior!

Cresci achando que rotina era ser escravo da vida, fazer todo dia a mesma coisa. Pensava: que coisa mais chata! Sempre fracassei em tudo que começava a fazer, jogar bola, aula de violão, academia. Por que nunca levei até o fim? Por causa de não gostar de rotina; no começo tudo é bom, mas depois que vira rotina vira um tédio. Sabe a única coisa que peguei pra fazer e nunca parei? Gravar vídeos. Querendo ou não, eu tinha uma rotina de gravar todos os dias, independentemente do horário. Eu gostava tanto (gosto ainda) que não parecia ser uma rotina, e quando deu certo comecei a viver essa rotina de filmar sempre a roça, os bichos, minha vó.

O trem tá feio

Mas como hoje já são quase 20 milhões de seguidores em todas as redes, graças ao bom Deus eu tô vivendo um sonho, e nesse sonho preciso cumprir agendas. Preciso viajar toda semana, pra ir a programas de TV, podcasts, viajar com namorada, mudar de ambiente pra gravar coisas novas... tô sempre em movimento, e com esse tanto de viagem, acabei perdendo a rotina que tinha quando comecei a gravar os vídeos.

Por vezes me pego numa crise existencial dentro do meu quarto, e uma das recaídas mais fortes que tive na vida foi em agosto de 2023. Este livro já estava pronto, e pausei os processos de produção porque me veio um sentimento muito forte de falar sobre rotina aqui. Apesar de eu só ter 23 anos de idade, já passei por muita dificuldade na vida – a mais fod@ delas, as confusões mentais. Tirei forças não sei de onde pra superar a fortíssima depressão que me deixou trancafiado quase dois anos dentro do quarto com medo de tudo e todos. Quando comecei a gravar, eu tinha uma simples Pampa, toda enferrujada (tenho até hoje, é meu primeiro amor); quando comprei meu segundo carro, que foi uma Ranger, com 20 anos de idade, chorei de alegria com minha família; depois veio a Dodge RAM, e quase desmaiei; aí veio o Mustang, fiquei feliz; em seguida veio uma BMW, e enjoei em uma semana; depois veio outro Mustang, gostei da cor; e por último veio um Porsche híbrido (eu odeio carro elétrico). Conclusão? Percebi que meu problema com compulsão foi longe demais.

Gustavo Tubarão

Em 8 de agosto de 2022, percebi que nada mais tinha graça. Ia viajar pra Europa em setembro, e cadê aquela animação? Igual foi da minha primeira viagem ao Egito? Não existe mais. Eu não consigo mais ver graça em nada, não consigo mais sentir o tesão de viver coisas novas, simplesmente estou achando a vida uma coisa inútil e vazia. Bom, pelo menos isso foi o que eu disse pra minha psicóloga na noite daquele dia, e sabe qual o motivo desse vazio todo? A falta de rotina! Tenho vegetado, e não vivido. Eu acordava e já pegava o celular e ia filmar, mas filmar o quê? Se não tenho mais rotina.

Fiquei preso nesse mundo de não ter rotina por odiar rotina, mas hoje percebo que o que move a vida é ela. Olhe a natureza, que coisa simples. Nasce, cresce, acasala, reproduz e morre. E sim! A nossa essência tá nisso, somos selvagens (não tô dizendo pra vocês saírem pelados à procura de acasalamento, pelo amor de Deus; o que quero dizer é que o simples fato de ter uma rotina, pode ser a mais simples do mundo, faz tão bem pro seu cérebro quanto o oxigênio que respiramos – falei bonito agora).

Apesar de ter sofrido muito e a vida ter sido muito difícil, se pararmos pra pensar bem, com 23 anos de idade, conquistei coisas que uma pessoa normal conquistaria com 40, 50 anos. Foi muito processo! Sou a prova viva de que dinheiro NÃO TRAZ FELICIDADE, ele traz conforto. Se fosse há dez anos, eu usaria das figurinhas da Copa do Mundo

O trem tá feio

na compulsão. Se fosse seis anos atrás, eu descontaria as compulsões nas drogas. Hoje usei da compulsão pra comprar carros, e nada mudou! É a mesma sensação de vazio e frustração por achar que a felicidade está em objetos.

Descubra o que te faz feliz

Pouco antes de terminar este livro, que realmente está acabando agora, fiz uma viagem com a minha namorada para relaxar um pouco a mente, que estava tumultuada de coisas, e também passar um tempo com ela, o que anda bastante complicado por conta do trabalho.

Mesmo estando num momento supergostoso, agradável, a sarna da depressão já encostou em mim querendo se coçar, e quando menos esperei bateu um vazio muito grande no meu coração. Foi quando a Jade apagou a luz e acendeu um trem que ela havia comprado que refletia as estrelas do céu, fazendo o teto do banheiro parecer todo estrelado. Do nada, começou a passar um filme na minha cabeça, de tudo o que eu conquistei, de todo o fruto do meu trabalho, e pensei, "Cara, eu tô realmente vivendo um sonho".

O trem tá feio

Agora, o que mais chamou a minha atenção nessa hora não foi aquele momento de rever as minhas glórias conquistadas pela fama, mas sim a lembrança do meu cachorro Paiacin, que veio bem no meio desses pensamentos. Pensa numa saudade! Foi pouca não. A saudade do Paiacin e também da minha Pampa foi muito grande.

Meu coração doía, quase como se eu estivesse me culpando pelo fato de ter ficado famoso. Eu estava ali deitado numa banheira, que não era de luxo, mas era algo que eu nunca pude ter antes, e então comecei a chorar de saudade dos momentos em que eu não era famoso, dos momentos de solitude, que é quando a gente gosta de estar sozinho com a gente mesmo, que eu tinha com o Paiacin quase todas as noites, quando eu ia para a frente da porteira onde achei ele. Naquele tempo, passava a noite olhando para as estrelas sem um real no bolso, pedindo a Deus que me desse o que eu tenho hoje.

Hoje eu tenho tudo aquilo que tanto pedi, e senti saudade justamente daquele momento... Não faz sentido!

Analisando isso mais tarde, dei conta de que eu pensava que precisava ter um carrão pra ser feliz, que o dinheiro trazia felicidade, mas não... Eu simplesmente estava morrendo de saudade de um carro velho e do meu cachorro vira-lata que achei na porteira – e não tem coisa mais rica que isso!

Chorei demais. Meu Deus, o Paiacin ficou comigo quando eu era pobre, e agora eu sou famoso e mal fico com ele na roça, porque vivo viajando. Aí comecei a me culpar, sabe? Coisa besta isso de se culpar! Mas acontece.

Muitas vezes, a gente tem a impressão de que antigamente tudo era melhor do que agora. Mas depois dessa reflexão que eu tive, pude perceber o que é a minha maior riqueza, o que é real e que me deixa feliz. Pude diferenciar o prazer do que é real. O prazer é passageiro.

Eu sempre quis enriquecer, mas não sabia que já tinha a maior riqueza do mundo, que é a simplicidade. A simplicidade e a humildade são reais, elas existem. Eu olho para o Paiacin e para minha Pampa com amor. Quando ando de carrão, me dá prazer, é gostoso, mas tem um vazio por trás disso tudo. Não é sentimento. Já a Pampa não me dá prazer, mas sinto por ela um carinho verdadeiro.

Estava sensível naquele momento, vendo o céu estrelado de dentro da banheira com a minha namorada, e até pensei em pegar o celular e começar a escrever sobre isso, mas achei melhor apenas curtir o momento, porque é uma coisa tão rara. E então continuei chorando feito criança, bem na frente dela. Não que eu tenha vergonha de chorar e expor meus sentimentos, pelo contrário, tanto que virei pra ela e perguntei:

– Será que eu perdi a minha essência?

Ela conversou comigo, o que me ajudou. A Jade pôs na minha cabeça que aquilo não tinha nada a ver com perder a essência. Que se tivesse perdido, não estaria falando aquilo.

EU SEMPRE QUIS ENRIQUECER, MAS NÃO SABIA QUE JÁ TINHA A MAIOR RIQUEZA DO MUNDO, QUE É A SIMPLICIDADE.

gustavo tubarão

Realmente acredito que a gente nunca deve se esquecer de onde veio. Mas infelizmente, no meio dessa correria doida da vida, isso às vezes acontece. O dinheiro traz conforto, mas não a alegria, a felicidade. Poxa, eu estava na banheira com a minha namorada tomando um banho quente, confortável, mas tudo o que eu queria era estar na minha Pampa véia junto com o Paiacin, entendeu? (Tá, e com a Jade também, deixa eu frisar isso, pelo amor de Deus, senão ela me bate!)

Uma pessoa com a vida que eu tenho não tem muito direito de reclamar, de falar que tá trabalhando demais, que tá cansada. Uma vez falei isso e me esculacharam. "Ah, cansado tô eu, que acordei às cinco da manhã e trabalhei até as seis da tarde!" A galera nunca vai entender. Pensando bem, não deveria colocar isso no livro, não, que vai dar merda... Ou não... Fod@-se! Vou pôr, sim!

Como a maioria das pessoas, já vivi a minha vida antes de ter dinheiro e fama! Eu acordava e ia pra aula, depois trabalhava da uma às seis da tarde. Porém, depois eu não tinha mais nenhuma preocupação na cabeça, conseguia gastar meu dinheirinho comprando um açaí, algum negócio assim, sabe? Minha preocupação era dormir cedo pra conseguir acordar e ir pra aula de novo, então ter energia pra trabalhar à tarde.

Obviamente, não estou me comparando a uma pessoa realmente pobre. Nunca passei necessidade, nunca passei fome, graças a Deus. Mas é que o influenciador muito focado

O trem tá feio

já acorda pensando no que e como vai fazer; a gente escreve, roteiriza, grava, edita. Deita na cama esgotado e, além disso tudo, ainda tem que ler comentário negativo, porque não tem como agradar todo mundo. Achei que seria muito fácil digerir esse lado das críticas da internet, mas é uma das coisas que me pegaram de surpresa. Longe de mim reclamar, mas não é fácil.

Por causa do borderline, meu humor oscila o dia inteiro, então cheguei num nível de visibilidade que, se dou um "bom dia" por aqui, vai ter gente lá na Austrália mandando textão e me achando insensível por desconsiderar que lá é "boa noite"! Na verdade, só agora estou começando a me acostumar com comentários negativos, porque no começo isso me pegava muito. Era comum eu já estar num estado depressivo e piorar ao ler alguma crítica injusta.

A maioria das pessoas quer gravar com gente famosa, porque sabe que vai ganhar seguidores, repercussão, troca de arroba. Já eu sempre tento lidar com pessoas que têm uma boa história por trás, que sabem o que é passar dificuldade. Igual o Taissinho, um amigo que gravou comigo. Ele tem 30 anos de idade, eu 23. Quando era criança, morria de medo dele na rua, porque ele sempre usou crack. Certa vez, chegou a pesar apenas 25 kg, quase morreu de anorexia. Mas ele entrou pra igreja e conseguiu sair do vício.

Penso que o nosso sucesso pode ser o sucesso de outras pessoas também. Mas primeiro a gente tem que estar bem.

PENSO QUE O NOSSO SUCESSO PODE SER O SUCESSO DE OUTRAS PESSOAS TAMBÉM. MAS PRIMEIRO A GENTE TEM QUE ESTAR BEM.

O trem tá feio

Você tem que estar bem consigo, porque, quando está tudo bão pra você, vai estar bem pra outras pessoas também. O contrário não dá certo. É como ouvi de um cara um tempo atrás: se dá algum problema no avião e caem as máscaras de oxigênio, você tem que colocar a máscara primeiro em você, e só depois ajudar quem tá do lado. Se você tentar ajudar a outra pessoa primeiro e se esquecer de si, morrem os dois!

Esse Taissinho é um cara muito engraçado, mas a cidade inteira tem preconceito com ele por ser ex-usuário de drogas. É um cara muito humilde. Mas não ligo pra nada disso e o chamei pra gravar. Quando a gente alinhou as coisas, começou a gravar, a fazer acontecer, ele chegou e me disse:

– Acho que foi Deus que enviou você na minha vida. Tô há cinco anos longe do crack, mas fico à toa o dia inteiro, não tenho mais nada pra fazer. Isso aqui me dá um motivo pra viver.

Meu amigo não consegue trabalhar, pois tem diabetes altíssima, não tem força nenhuma. Ficar sem fazer nada o dia todo estava levando ele de volta para as drogas. Mas hoje ele já tem mais de 100 mil seguidores nas redes sociais, e consegue fechar as publicidades dele também.

A mesma coisa aconteceu com o Amendoim. Eu sempre gravava sozinho com o Paiacin. Daí começou a pandemia, e um amigo que estudou comigo, o Fael, falou pra mim que queria começar a gravar também. Eu já tinha mais de 2 milhões de seguidores. Queria uma oportunidade para ele e

Gustavo Tubarão

para o priminho de 7 anos de idade, o Amendoim, que estava passando dificuldades porque o pai e a mãe haviam perdido o emprego por conta da pandemia, e moravam de aluguel. Topei ajudar, foi todo mundo pra roça e começamos a fazer vídeos juntos. Meus seguidores curtiram muito ele! Hoje o Amendoim tem 10 anos de idade e já ganha uma boa grana. Consegue pagar o aluguel com o dinheiro que tira no YouTube. Foi até chamado pra ser o Chico Bento no filme que vai sair. Tá vendo? O seu sucesso pode ser o sucesso de outra pessoa. Se eu, que já pensei que havia tudo acabado, que já tentei suicídio, consegui sair daquele fundo do poço, mesmo me achando incapaz, acostumado a sempre ouvir NÃO e que sou pior que as pessoas ao meu redor, ajudei pessoas a mudarem de vida, por que você não vai conseguir? Ninguém nesse mundo é incapaz ou pior que alguém em nada. Vi um

O trem tá feio

pastor dizer uma vez que nascemos pra servir! Você pode estar pensando em desistir neste exato momento, que a vida já não faz tanto sentido assim. Mas pense no próximo um pouco. Tem pessoas lá na frente que precisam e dependem de você, você só não sabe ainda! Deus tem um propósito na vida de cada um de nós. Todos nós temos o poder de transformar a vida de outras pessoas, e essas pessoas vão transformar mais vidas, e assim podemos mudar o mundo. É assim que eu penso, é pra isso que eu luto.

Acho que tem algo de psicológico por trás disso. Sempre fui uma criança muito carente, e meio que trato o Amendoim como se fosse o meu filho. Quando criança, queria ter video-game, bicicleta. Mas a nossa realidade era meu pai comprar um único pacote de bolachas para três filhos. Então, sempre que o Amendoim ia pra roça gravar, eu fazia questão de passar no mercado e comprar um carrinho cheio de doces, balas e salgadinhos pra ele.

Não consigo ficar de boa vendo gente humilhada, por isso me identificava com esse meu amigo de Cana Verde. Ele passou por poucas e boas aqui. A maior parte das pessoas quer ficar rica e ostentar carrão. Já eu gosto de transformar, e isso é um trem que eu tenho desde pequeno. Amo ajudar as pessoas!

Mas tem um lado negativo nisso. Muitas pessoas passaram a sacar esse meu jeito e, como moro em uma cidade de apenas cinco mil habitantes, aonde quer que eu vá tem

Gustavo Tubarão

alguém me pedindo alguma coisa. Isso às vezes me faz sentir "sugado". Certa vez, dei uma cadeira de rodas de R$ 15 mil para uma menina que mora num bairro humilde; teve um povo que ficou sabendo e começou a vir até de cidades vizinhas pra ver se descolava alguma coisa também.

Quando percebi, já estava começando a ter prejuízo, tirando coisas que faziam falta para mim e dando para os outros. Sempre que me pediam algum dinheiro emprestado, eu dava de coração. Mas tinha muita gente querendo tirar proveito. Passei a seguir meu coração, porque, por algum motivo, hoje consigo perceber a diferença. Parece que é o Espírito Santo que me toca, e me faz querer ajudar, o que é diferente de quando alguém me pede ajuda e eu me sinto cobrado.

A coisa chegou ao ponto de eu ter de dizer que parassem de me pedir coisas, pois estava me fazendo mal. Era algo que antes eu fazia com amor, mas tinha virado uma obrigação. Eu não sou Deus, não consigo ajudar todo mundo. Então aprendi a negar. Vira e mexe vem algum pinguço aqui reivindicar seus dois reais pra cachaça, e eu falo na lata que não tenho. Ajudar é muito bom, mas tem que ser de coração. A partir do momento em que você tá tirando do seu pra ajudar gente folgada, tá tudo errado.

Dia desses eu acordei muito mal, estava pra baixo, triste, só que tinha que fazer umas filmagens. Foi só botar o pé pra fora de casa e já tinha gente me pedindo coisa. Quando começamos a gravar, na rua de baixo de casa, chegou um

O trem tá feio

sujeito com aquele papo de "E aí, lembra de mim? Me dá um dinheiro aí!". Ele atrapalhou a filmagem e ainda passou na frente da câmera. Pedi que esperasse, que depois eu via se tinha algum pra ajudar.

Só que quando a filmagem acabou e fui ver se tinha dinheiro, estava totalmente liso, não tinha um real sequer. Pedi desculpa pro cara, mas ele ficou resmungando, todo bravo. Fiquei triste. Quando estava voltando pra casa de carro, dei de cara com uma certa tia que também fez cara feia ao me ver. Essa aí tinha pedido ajuda pra reformar a cozinha, e eu pensei que fosse coisa barata, mas era um trem caríssimo, então precisei negar. Foi um dia que me deixou muito mal.

Lido com muita gente que só quer me sugar, me pedir coisas. Mas ninguém olha no fundo dos meus olhos e pergunta: "Você tá bem? Como você tá?".

Mesmo com esse lado negativo, o lado bom é que não perco a empatia pelas pessoas de jeito nenhum, pois hoje vejo que Deus me quebrou e me permitiu levantar de novo, e desde então, de um simples moleque da roça, meu caráter mudou e se fortaleceu para me tornar quem eu sou hoje, e viver buscando todos os dias a felicidade não apenas para mim, mas também para todos que me seguem.

Epílogo

Sinto um misto de felicidade e susto ao mesmo tempo quando me falam que inspiro muita gente. Ouço muito isso, então acabo sentindo certa pressão para me manter sempre na linha. Recebo muita mensagem falando que fui uma inspiração de vida para a pessoa, daí me olho no espelho e vejo um jacu da roça, sabe? Tento não fazer nada de errado, porque, querendo ou não, sou um exemplo.

Percebi que era uma referência quando apareceram outros influenciadores que diziam que eu tinha sido a maior inspiração deles, não só na minha área, mas em outras também. Muita gente chega falando: "Ah, conquistei tal coisa porque você falou lá atrás, e não tirei mais da cabeça".

Mas, para falar a verdade, para viver meus sonhos, arriscar na vida foi o que eu mais fiz até hoje, e olha que eu me cago de medo de arriscar. E como nunca paro de inventar coisas novas pra fazer, o próximo sonho que quero realizar é *stand up comedy*. Quero fazer um show de mais ou me-

PARA VIVER MEUS SONHOS, ARRISCAR NA VIDA FOI O QUE EU MAIS FIZ ATÉ HOJE, E OLHA QUE EU ME CAGO DE MEDO DE ARRISCAR.

gustavo tubarão

o trem tá feio

nos uma hora, mas tenho muito medo de ficar ruim, de eu fazer piada e o povo não rir… Mas é óbvio que corro esse risco. Esse é o preço que tenho que pagar para bancar esse sonho, então é natural que isso aconteça. Mas o que tento fazer é tomar mais coragem e correr atrás, e vou fazer isso.

Acho até que cabe uma analogia aqui. Sempre gostei muito de jogar bola, mas quando precisava fazer alguma coisa decisiva para o time, acabava arregando. Sempre arrisquei, mas sempre fui um arregão também, como contei aqui quando meu time de futebol na época da minha adolescência perdeu porque tive medo de bater o pênalti.

Contudo, de arregão passei a ser um arriscador. E geralmente o povo é assim, fica preso para depois vir para a realidade. As pessoas têm isto na cabeça: "Ah, se eu não nasci assim, nunca vou ser isso". De fato, eu nasci um arregão, mas não quero ser um arregão pro resto da minha vida. Tive e tenho meus sonhos até hoje, e não desisti de ir atrás deles, mesmo sem apoio. No final das contas, acabo sempre escutando a mim mesmo.

Sou muito ao contrário. Como disse, sou um cagão, mas me arrisco, mesmo a muito custo. Sempre busquei a aprovação de todo mundo, mas hoje não tanto, isso está diminuindo. Parece que tudo o que faço contra dá certo! Por exemplo, se meu pai quer que eu faça uma coisa, faço outra totalmente diferente. Odeio me arriscar, mas preciso, então

O trem tá feio

vou lá aonde for preciso e faço o que tiver que fazer mesmo que corra risco.

Na época da escola, eu era aquele aluno que segurava o cartaz e ainda cobria o rosto de vergonha. Ainda tenho essa vergonha, cê acredita? Mas já fiz várias palestras sobre saúde mental em lugares lotados, mesmo me cagando todo por dentro.

Imagina eu fazendo *stand up*... subir num palco, falar com plateia. Morro de vergonha. Mas quero, e vou arriscar. E apesar de parecer que não desisto fácil das coisas, eu desisto fácil, sim. Sou do tipo de pessoa que larga tudo pela metade. A internet e a academia foram as únicas coisas que eu não abandonei. Todo o resto, tudo, de lutas a cursos, sempre larguei no meio do caminho.

Não terminar as coisas é algo que me incomoda muito. O bom é que hoje sou muito mais centrado, minha cabeça tá no lugar. Era uma coisa que me irritava muito. Procrastinação misturada com TDAH, talvez. Mas o importante é funcionar, achar alguma maneira de fazer as coisas para sair do lugar, por mais doido que seja.

Então, agora vejo que cheguei nas últimas páginas do meu livro, o qual, quando comecei, não tinha ideia do que iria ser, e por meses senti de tudo, de calafrio a dor de barriga, só de pensar se era o certo, se deveria escrever, o que iriam achar, até virar para a minha editora no meio do processo e dizer "acho que vou desistir", ligar não sei quantas vezes para a Maria, minha psicóloga, e dividir com ela o milhão de preocupações que vivi pelo medo da responsabilidade que senti ao me tornar autor...

Enfim, agora que vejo que passei por tudo isso, e cheguei até este momento, vejo que aquela promessa que assumi com Deus, quando Ele me tirou da beira do precipício numa crise que quase me matou, está sendo cumprida aqui também.

EU NÃO DESISTI! NOSSA, QUE SENSAÇÃO BOA DEMAIS DA CONTA!

Agora posso dizer que, assim como o meu canal da internet, que foi a única coisa de que nunca desisti na vida, tem também este livro, que eu espero, do fundo do coração mesmo, que possa transformar de alguma maneira o dia ou quem sabe a vida de alguém. Mas antes de terminar, cadê a bença?... Deus bençoe!

Livros para mudar o mundo. O seu mundo.

Para conhecer os nossos próximos lançamentos
e títulos disponíveis, acesse:

🌐 www.**citadel**.com.br

f /**citadeleditora**

📷 @**citadeleditora**

🐦 @**citadeleditora**

▶ Citadel – Grupo Editorial

Para mais informações ou dúvidas sobre a obra,
entre em contato conosco por e-mail:

✉ contato@**citadel**.com.br